齐学红　顾青　主编

忆往

与班华老师在一起的美好时光

南京师范大学出版社

图书在版编目（CIP）数据

忆往：与班华老师在一起的美好时光 / 齐学红，顾青主编. — 南京：南京师范大学出版社，2023.11
ISBN 978-7-5651-5862-9

Ⅰ. ①忆… Ⅱ. ①齐… ②顾… Ⅲ. ①班华 – 纪念文集 Ⅳ. ① K825.46-53

中国国家版本馆 CIP 数据核字（2023）第 182116 号

书　　名	忆往：与班华老师在一起的美好时光
主　　编	齐学红　顾　青
策划编辑	姜爱萍
责任编辑	孙　涛　倪晨娟
出版发行	南京师范大学出版社
地　　址	江苏省南京市玄武区后宰门西村 9 号（邮编：210016）
电　　话	（025）83598919（总编办）　83598319（营销部）　83598332（读者服务部）
网　　址	http://press.njnu.edu.cn
电子信箱	nspzbb@njnu.edu.cn
照　　排	南京凯建文化发展有限公司
印　　刷	南京艺中印务有限公司
开　　本	710 毫米 ×1000 毫米　1/16
印　　张	11
字　　数	163 千
版　　次	2023 年 11 月第 1 版
印　　次	2023 年 11 月第 1 次印刷
书　　号	ISBN 978-7-5651-5862-9
定　　价	68.00 元

出 版 人　张　鹏

目 录

学者忆往

班华老师与班主任研究中心

高谦民 （南京师范大学教育科学学院）

从20世纪90年代初开始，班华老师就一直在思考一个问题：如何把教育系有关老师组织起来，研究、探讨教育领域中大家共同关心的一些问题。这样集思广益，要比单打独斗要好得多。他想到了“班主任”。由于许多老师都要给全校的师范生上公共课“教育学”，虽然每个老师的研究方向有所不同，但“教育学”公共课中都有《班主任工作》这一章节，于是大家就有了共同的话题；再加上“班主任”这一角色在基础教育中的重要作用，他（她）不仅要向孩子传授知识，更要教孩子如何做人。常言道：经师易得，人师难求。班主任集经师和人师于一身，可见其教育作用之重要。正因为如此，班老师萌生了成立班主任研究中心的想法，于是他向学校申请，成立南京师范大学班主任研究中心，然而学校没有批准；后来他又向教育系提出申请，成立教育系班主任研究中心，得到了教育系领导的大力支持。照理说，班老师倡议成立班主任研究中心，并为此耗费了许多心血，他是这个中心的创始人，理所当然应该是班主任研究中心主任，可是他却坚决不干，执意要我这个不懂班主任的人来当班主任研究中心主任，其理由是：我当时担任教育学教研室主任，而班主任研究中心的主要成员是我们教研室的老师，由我兼任中心主任，便于统一领导，有利于教育研究工作的开展。于是我就这样被“赶鸭子上架”，勉为其难地接下这副重担，好在班老师同意当顾问，有他做后盾，我忐忑不安的心总算稍稍踏实了些。1994 年 10 月“南京师范大学教育系班主任研究中心”正式成立了。教育学教研室大部分老师和心理学教研室的个别老师成为中心的成员。班老师为这个中心确立了方向、目标和宗旨，那就是以新时期中小学班主任的工作原理为主要研究方向，以探索建立班主任学科体系的理论框架为目标，以推动班主任工作沿着素质教育方向发展为宗旨。

20 世纪 90 年代是我国社会主义市场经济蓬勃发展的时期，班老师敏锐地意识到，必须紧跟国家的发展形势，推进班主任研究工作。在他的倡议和指导下，我们班主任研究中心于 1995 年在南京组织召开了“社会主义市场经济与班主任”研讨会，之后又分别在江阴、海门、如东等地召开了“班主任与德育”“班主任与学生素质发展”等学术研讨会，每次研讨会后都出版了相关的论文集。1996 年班老师主持了全国教育科学“九五”规划教育部重点课题——“中小学班主任与学生素质发展的研究”，带领我们探索在学生素质发展过程中班主任如何发挥其重要作用。在课题研究过程中，班老师提出了几个重要的概念，为班主任研究开拓出一片崭新的天地，如“班主任是全面关心学生成长的主任教师”“班主任是学生主要的‘精神关怀者’”“班主任是影响学生成长发展的‘重要他人’”，从而明确了班主任特殊的角色及其在促进学生素质发展中的重要地位和作用。与此同时，对于班主任的日常工作，班老师又提出了班主任实施素质教育的特殊操作系统，即“发展性班级教育系统”。“这是以班主任为主导，由包括相互联系着的班级目标、班级集体、班级活动、班级文化、班级管理、班级教育合力、学生发展评价等各子系统有机构成的班级教育系统整体”。班老师对班主任的角色、地位、职责和教育劳动特殊性的认识，是对班主任理论研究的重要贡献，为班主任研究中心指明了前进方向。为扩大研究力量，在班老师的建议下，我们中心在全国范围内聘请了一批既有理论功底，又富有实践经验的兼职研究员，与近百所中小学建立了科研合作关系，从理论与实践的结合上共同探索班主任实施素质教育的正确途径。班老师提出的关于班主任的理论思考，最终凝结为他所主编的《发展性班级教育系统》《中学班主任实施素质教育指南》和《小学班主任实施素质教育指南》等著作。

在新世纪到来前夕，班老师又带领我们参与策划并协助南京师范大学出版社组织编写了《21 世纪班主任文库》。班老师认为，在世纪之交谈论新世纪的教育问题，离不开班主任，“可以这样说，没有班主任，没有班主任的卓越工作，就谈不上 21 世纪的教育”。教育理论的发展需要丰厚的实践土壤，而“班主任理论是‘实践者’的理论，班主任的教育实践是‘理论家’的实践”。自 2004 年开始，在班老师的指导下，我们先后在南京、江阴、苏州举办了 3 期班主任专业化研修班，围绕“班主任专业化及现代班级建设基础理论”“学校德育和班级经营”以及“班级心理教育”等专题和来自全国 6 个省份的数百名中小学班主任共同学习、共同探讨、共同提高对班主任专业化的认识水平。2006 年，班主任研究中心与华东师范大学出版社合作，出版了全国中小学班主任专业化培训用书——“今天，我们怎样做班主任”丛书，班老师为丛书主编。他说：“我们的书不是班主任培训的‘教材’‘教本’，而是促进班主任发展的‘学习材料’，是‘学本’。”他希望班主任们能“融入其中，与我们一起思考、讨论、调查、操作”，一起共同成长。

班华老师是一位智者，他勤于学习，善于思考，具有敏锐的超前意识，在班主任研究领域中他提出了许多发人深省的思想，引领着我们不断前行。他对班主任研究中心倾注了太多的心血，多年来我们所做的一切，都是在班老师的提议和指导下完成的，他是我们的精神导师，不断向我们提出新的要求，新的任务；同时，他又是一位实干家，带领我们在教育研究中披荆斩棘，攻坚克难，攀登一座又一座“山峰”。如果说南京师范大学班主任研究中心自成立以来做了一些工作，取得了一定的成绩，那首先要归功于班老师，是他引领我们走上一条正确的研究道路，是他具体指导我们怎么做并和我们一起努力钻研。

对于我个人来说，班老师不仅是我大学时代的老师，而且当我从事教育工作以后，他始终关怀我、帮助我，尤其在班主任研究中心成立后，他手把手教我怎样去做研究，使我这个班主任研究的“门外汉”逐渐对班主任开始有所了解，并理解他们的酸甜苦辣，以至能和他们交流、探讨一些问题。班老师是我终生的导师，在我的教育生涯中，他是对我影响最大的“重要他人”。

今天，我们怀念班老师，就是要牢记他的教诲，努力学习他对教育事业的热爱，对班主任研究的执着与投入，沿着他开辟的班主任研究之路，坚定地走下去，做出自己应有的贡献，以告慰班老师在天之灵！

2023 年 6 月 8 日

根扎班主任园地，名留班主任心里

李学农（南京师范大学）

2023年2月23日，受南京师范大学班主任研究中心齐学红主任邀请，参加“随园班主任研究30人论坛”：缅怀班华教授，探索发展性班级教育系统理论与实践。作为班先生弟子，从硕士到博士6年，又为先生留校，学术路上继续跟随先生，如此深厚师恩正需要一个机会表达。我在论坛上做了一个发言，感慨班先生作为学术大家，深耕中小学班主任工作园地，他的班主任工作思想深刻影响了中小学一线的班主任们。论坛上班主任们的发言印证了这一点。论坛后，齐学红主任希望我把论坛上的发言整理一下，于是就有了这篇纪念班华先生的文字。

班华先生是班主任研究中心的奠基人。这个研究中心创立时准确的名称是“南京师范大学教育系班主任研究中心”。我硕士研究生毕业留系后，进入当时教育系的教育学研究室。因为我曾有过多年中学任教经历，包括班主任工作经历，经过教育学科专业陶冶后，经常会反思从前中学实践经历，而从前中学实践中的种种问题，使我感觉到基础教育实践对理论的需要，理论也应当在实践中获得生命力。当时，我与班先生时常会就理论与实践的关系进行讨论，就共同有了建立一个以中小学实践问题为研究对象的学术组织的想法。经过不间断的讨论，我们最终形成了以中小学班主任实践为研究对象，建立班主任研究中心的想法。班主任工作是学校德育工作的重要方面，自然在班先生的主要学术研究领域——德育之中。我们将这个想法向教育系领导汇报，得到当时教育系党组织和行政领导的支持。班主任研究中心依托教育系教育学教研室，时任教育学教研室主任高谦民老师为班主任研究中心首任主任，教育学教研室副主任李学农（我）为副主任，班先生为中心顾问。这个学术组织面向班主任理论研究者和广大的中小学班主任。教育系改教育科学学院后，中心便更名为“南京师范大学教育科学学院班主任研究中心”。班主任研究中心成立的时间是 1994 年。

中心成立后开展的第一次学术活动，是一次研讨中小学班主任工作的方桌会议。会前，通过班先生联系了时任江苏省教委副主任周德藩、政教处处长孙建新。大约是这年的夏季，会议在南京师范大学随园校区 700 号旁幼教楼一楼会议室举行。方桌会议参加的人并不多，但是具有代表性。出席会议的有时任江苏省教委副主任周德藩、政教处处长孙建新，数位中学德育工作者，以及班主任研究中心人员。无论参会人员来自哪里，是何身份，到这里来就是出于对学校班主任工作的关心、支持和探讨。会议不涉及任何费用，也没有什么特别的宣传。1995 年夏季，班主任研究中心组织召开了有上百人参加的研讨会。会议参加者主要来自江苏省内各地。这次会议表明，班主任研究中心在理论与实践联系研究方面取得了重要进展。

1996 年 11 月，在江阴市第一中学召开了“全国班主任与德育研讨会”。这次会议有来自全国各地的理论工作者和一线学校德育领导、班主任参加。江苏省教委领导、无锡市教育部门领导、江阴市政府和教育部门领导出席会议。这次会议之前，我们征集了会议论文，在会议召开时班先生主编的会议论文集《班主任与德育》已由河海大学出版社正式出版。之后，在上个世纪末，我们还在南京和南通海门、如东分别召开过全国性的班主任研讨会，研讨会主题有“班集体建设”等。班主任研究中心是一个真正体现学术自由探索，又有明确社会价值方向的学人的或向实践敞开大门的学术组织。这个学术组织是这样一群人的组织：参与组织活动的人们，被一个与中小学实践密切关联的学术方向所吸引，因此有共同爱好的人们便自发组织起来。这个学术组织是在当时教育系党组织和行政领导之下的，既没有项目经费支持，也没有证明其是一个组织的图章，但它的生命力顽强，因为班主任工作是中小学实践的重要领域，也是有待深入开拓的重要理论领域，因而吸引了各方人士的注意，学术组织也获得了丰富滋养。班主任研究中心得益于班先生的威望，它的创立实现了“天时地利人和”。

上个世纪 90 年代，是班主任研究中心在班先生的指导下初创并取得迅速发展的时期。班主任研究中心取得的体现理论与实践结合的第一个成果是由南京师范大学出版社出版的“21 世纪班主任文库”。该文库有综合卷、中学卷、小学卷等。综合卷包括：《幼儿园班级管理》《小学班主任》《初中班主任》《高中班主任》《中等职业学校班主任》和《大学班主任》。小学卷和中学卷则涉及各个研究专题，如：《小学养成教育》《小学班主任实施素质教育指南》《中学班级文化建设》《中学班主任实施素质教育指南》等。“21 世纪班主任文库”从 1997 年开始出版，直到 21 世纪初，成果可谓洋洋大观。当然这一成果离不开南京师范大学出版社的宏大设计，同时也反映了班先生宽阔的学术视野。

上个世纪 90 年代，班先生在班主任研究方面的一个重要研究成果，是他的《发展性班级教育系统》。这本班主任工作研究著作，是班先生班主任研究的精心之作。这部著作是全国教育科学“九五”规划教育部重点课题“中小学班主任与学生素质发展的研究”的成果。申报这个课题恰恰是在班主任研究中心成立之后。在课题申报过程中，在班先生的带领下，课题组一次又一次开会研讨，从课题名称到研究内容一一斟酌、推敲。研究成果出版于 2000 年，虽然产生于上个世纪 90 年代，但是它体现了班先生班主任理论的核心思想。“发展性”体现了班先生对班主任工作中“人”的重视，“班级教育系统”则是班先生力图综合班主任研究领域各个组成部分的研究成果，在各子项目研究基础上以“系统观”上升到理论的新高度。班主任工作的“发展性”和“系统观”，贯穿了班先生的班主任理论。

我的回忆之所以重点在上个世纪90年代，是因为工作岗位变动关系，进入21世纪后，我与班主任研究中心的联系渐渐减少。然而，班先生孜孜不倦地研究中小学班主任工作的精神依然深深感动着我。80岁高龄后，班先生仍然在班主任研究园地中笔耕不辍，直到2020年还可以在期刊上看到先生发表的关于班主任工作的文章。班先生对班主任工作的关心，可以说是“生命不止，关注与参与不止”。这种对班主任工作的关心、热忱，在班先生那里不只是写作，还有深入学校和活动的参与。班主任研究中心齐学红主任组织了一个班主任沙龙“随园夜话”，迄今已举办了110多期。班先生生前非常热心参加这个活动，他不仅以老迈的身体参加活动，还不时给这个活动以主题建议。我印象很深刻的一次“随园夜话”活动，是这个沙龙很有意义的第100期纪念活动。我注意到，在那次活动中，班先生认真地记录沙龙上每一位发言者的话。活动间隙，他会让一些参与者在他的笔记本上留下一些字，他也会在别人的笔记本上写下些什么。

在班主任研究中，班先生是全身心的“沉浸”，从思考到身体力行。班先生“心”在一线班主任身上，“身”也在一线班主任中间。在“随园班主任研究30人论坛”对班先生的追思与思想研讨中，我从每一位发言者的话语中，从每一位参与者的眼神中，深深地感觉到：班先生虽然离去了，但是他们心中的班先生没有离去。

班先生与班主任研究同在！

“叫什么不重要，关键是要做事”

——班华先生对班主任研究的开创性贡献

刘守旗（江苏第二师范学院）

众所周知，作为著名教育家、南京师范大学资深教授、博士生导师的班华先生，原先是从事教育学和德育原理教学的，令人好奇的是，是什么原因促使先生转向关注和研究班主任，进而成为班主任理论研究拓荒者的呢？

记得先生在世时，不止一次同我们说过这样的话：“我很清楚自己做的两个研究都是不受重视的。一个是心理教育。教心理学的人认为我是个外行，我又不是学心理专业的，把筷子伸到人家碗里干什么？从事教育研究的人讲，你把自己的田种好就行了，你不要种别人的田。种了人家的田，荒了自己的地，何苦呢？另外一个就是做班主任研究，花的时间比较多，但是吃力不讨好。早些时候，班主任研究论文连学术成果都不算，但我确实花了不少时间和精力。”

既然班主任研究论文连成果都不算，先生为什么还会那么执着并钟情于班主任研究呢？我想，这与先生是一位富有家国情怀的学者有关，与先生执着追求中国特色教育之道的理念有关。在先生看来，教育是为未来培养人的事业，教育的对象是人，而人又是特定环境、特定时代、特定背景下的人，人的价值观、人的心理都有其特殊性，故在德育方面，他提出了“建设中国特色的德育学科”的思想；在心育方面，他提出了“探索中国自己的心理教育之道”的命题；在班主任方面，他提出了“发展性班级教育系统”的理论。在2000年南京师范大学出版社出版的《发展性班级教育系统》一书扉页，先生开宗明义地标明了该书的服务对象与宗旨：“谨以此书献给为21世纪的中国培养栋梁之材的班主任。”可见，在先生心目中，班主任是为21世纪的中国培养栋梁之材的，其重要性不言而喻。

说真话，本人不相信迷信，但相信缘分。我始终认为，在茫茫人海中，为什么我们这些人会相遇、相识、相交，成师生、做朋友，这确实是一种缘分，很值得我们珍惜。由于学习和时空方便之故，在长达近40年的时间里，相对而言，我和先生接触较多，受惠于先生的关心、教诲就更多。由于先生的许多研究工作本人也多有参与，因而对先生的学术思想了解相对可能也多一点，感受也深一点。

说起班主任研究，就不能不提到1994年成立的班主任研究中心。为什么先生会想到成立这个中心，是因为先生觉得，随着时代的发展，班主任工作越来越重要，但班主任理论远远滞后于班主任实践的需要，因此需要聚拢一批志同道合者进行研究。如何聚拢？最好有个学术研究组织，因为名正才能言顺。但是，成立一个学术研究组织，不是你想成立就一定能成立的。哪怕这个学术研究组织是虚拟的，也必须按照规定走程序报批。说它是虚拟的，是因为它与实体的学术组织相比，它一无行政级别，二无专职人员，三无办公经费，四无办公场所。据我所知，一开始先生好像想成立校级研究中心的，名称叫“南京师范大学班主任研究中心”，可惜这条路没能走通，于是便退而求其次，就叫“南京师范大学教育系班主任研究中心”。

理想很丰满，现实很骨感。面对退而求其次的现状，记得先生当时微笑着说过这么一句话：“叫什么不重要，关键是要做事。”先生是1935年生人，说一句公允话，1994年班主任研究中心成立时，先生已虚60岁了。这个年龄，许多人都准备退休回家颐养天年了，但先生就是先生，他出于对教育学重点学科建设及教育学教研室教研活动的关心，特别是对班主任理论研究的关注，跟时任教研室主任高谦民老师提议成立班主任研究中心，幸被采纳并使之成为现实，才有了班主任研究中心的今天。中心主任首任为高谦民老师，后由齐学红教授接棒。其实，那时关于中心主任人选，是有个“民主协商”过程的。最初，高老师建议由先生做，因为提议出自先生。但先生始终认为高老师做最合适，因为他是教研室主任，这样便于工作一致，做事也方便一些。三番五次后，高老师不好再推托，就担任了中心的首任主任。1994 年，中心在石城饭店召开成立大会。有意思的是，1995 年中心聘了一批“特约研究员”，盖的是“南京师范大学”的章，本人有幸忝列其中。

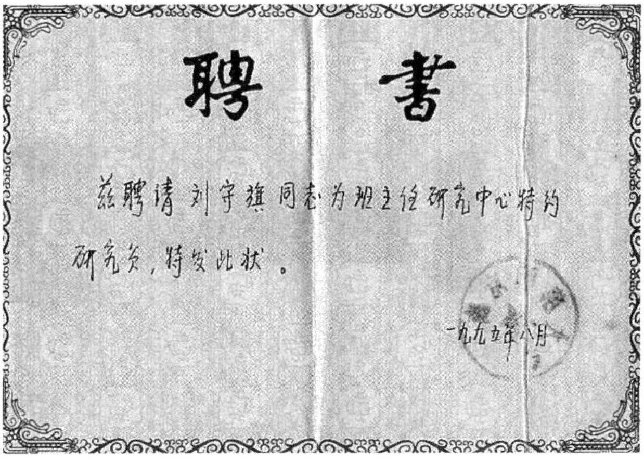
聘書

兹聘请 刘守旗 同志为班主任研究中心特约研究员，特发此状。

一九九五年八月

关于中心，诚如先生所说，叫什么名称不重要，关键是要做事。中心成立后，围绕“理论出成果，实践见成效”创建宗旨，在班主任的理论研究和实践推动方面确实做了不少实事，取得了一大批实实在在的成果。这些成果既表征了中心成立的意义和价值，也说明中心研究工作的高质量。我印象很深的，主要有四大方面：

一是每年围绕一个主题，召开一次班主任学术年会。中心成立后，先后在南京、江阴、海门、如东等地举行了研讨会。如 1996 年，中心第二次学术年会在江阴市第一中学召开。此次年会由中心与江阴市第一中学共同主办，主题是“班主任与德育”，会前专门出版了由著名教育家鲁洁先生作序、河海大学出版社出版的《班主任与德育》一书。

二是申报高阶课题，开展课题研究。由先生牵头，成功申报了全国教育科学“九五”规划教育部重点课题“中小学班主任与学生素质发展的研究”，江苏、湖北、浙江、四川、广西、深圳、内蒙古自治区等全国各地 80 多所中小学参与了课题研究，取得了一批研究成果。其结题成果《发展性班级教育系统》一书，2000 年由南京师范大学出版社出版，2001 年获江苏省哲学社会科学优秀成果三等奖。

三是班主任专业委员会的成立。在先生的关心和鼓励下，2009 年 11 月 26 日江苏省教育学会班主任专业委员会正式成立，先生和陆岳新、高谦民为顾问，中心主任齐学红教授为理事长。可能因本人为专委会成立做了一些协调工作，故有幸与储红、黄正平、杨瑞清、崔景贵 4 人一道被选为副理事长。

四是组织“随园夜话”班主任沙龙。该沙龙始创于 2008 年，每月 1 期，围绕“话题、主题、课题”的脉络，经过 10 多年发展，现已成为班主任研究与培训领域的一个特色品牌。

回顾中心成立、课题开展及专委会成立这段历史，不难看出，先生对班主任研究的关心，对班主任事业的关爱，对班主任老师的关怀，可谓不为名、不为利、只为人——班主任老师！其实，在这方面，广大的一线老师特别是班主任老师可能体会比我更深。先生虽是大家，但从无架子，几乎来者不拒，他为相识的、不相识的一线老师写过的书评、序言之多，可能是同时代学者中罕见的。而且，翻阅这些书评、序言，你会发现，先生笔下溢美之词甚多。对此，也有学者认为，在一般理论研究者眼中，班主任老师这些只能归为经验总结类的文字，先生却给予那么高的评价，多少有失理论研究者的高度。事实果真是这样吗？非也！其实，这正是先生仁厚爱人的体现，也是母校南京师范大学校训“正德厚生　笃学敏行”的具体践行。先生经常同我们讲，要给班主任老师以精神关怀，要做班主任老师精神关怀者。他是这么说的，也是这么做的！在师生关系问题上，先生既认同“没有老师就没有学生”的观点，但更强调“没有学生就没有老师”的理念。所以，先生一直主张要向学生学习、向一线老师学习、向实践学习。因为，在先生看来，作为一名教师，应当学习做一名自觉教育者，应当学会享受教育、享受学校，学会享受教师的职业幸福，包括学会享受和班主任朋友共同成长的快乐。先生是这样认为的，更是这样身体力行的。其实，正是在与班主任朋友的交往中，先生以敏锐的学术眼光发现现实中存在着种种轻视班主任工作的现象，从人文关怀的视角提出了“谁来给班主任以精神关怀”这样一个“很有意义的问题”。在他看来，只讲对学生的精神关怀，忽略对班主任的精神关怀，是片面的。现实生活中，班主任工作负担重、精神压力大，其精神生活状况表明，他们同样需要精神关怀，同样应当得到精神关怀。而先生正是班主任真正的精神关怀者。正因如此，先生对班主任研究才会如此重视和投入，哪怕不算成果，都要牵头主持、倾心研究！对班主任研究中心成立和班主任专委会产生，都能不计名利、鼎力支持！无论相识与否，他对班主任老师都能有求必应、关爱扶持！特别是在耄耋之年，直到去世前，他都能积极参加班主任研究中心组织的“随园夜话”班主任沙龙，而且这些沙龙，不少是在晚上举行，但先生几乎从不缺席。这体现出的，不仅仅是一种理念、一种行为，更是一种精神、一种情怀！

高山仰止，景行行止。回顾中心成立近30年来所取得的丰硕成果和在班主任研究领域所享有的卓著声誉，我真的感慨良多。现代化，首先是人的现代化。实现中国式现代化，教育任重道远。先生虽远去，但其思想值得总结和发扬，其精神值得学习和弘扬。

稍有点遗憾的是，为了写这篇文章，我到母校的网站上乃至在整个网络上，无论是用“南京师大教育系班主任研究中心”还是用“南京师大教育科学学院班主任研究中心”等关键词去搜索，都未能查找到研究中心成立至今的相关信息介绍，希望这种状况能够有所改变，这对扩大中心的影响力乃至提升母校的美誉度，显然是有益的。我想，先生在天之灵，对此一定会赞同的。

班华老师的浪漫与生命自觉

毕世响 （福建师范大学教育学院）

班华老师的学术，可以代表1977年恢复高考以后教育（学）研究的一个范式，那就是“生命自觉”，这个“生命自觉”的精神是“浪漫”。也许，班华老师的学术范式，是教育（学）的根性所在，这个根，是中国文化，中国精神，中国人，与陶行知、陈鹤琴一脉相承。中国的教育学，或者自觉，或者不自觉，都在跟随班华老师的生命自觉浪漫着。

一、教育学的范式

教育学应该是什么样子的？恐怕弄教育学的人，不容易说清楚。有一点倒是比较清楚，那就是我国1990年代以后的教育学，越来越“理论”的样子，教育学界“玩耍”的理论，多是跟随哲学界“玩耍”的理论，“我们的教育学”，硬是欲将自己弄得像“哲学”的样子。我没有机缘向哲学界的专家请教：“我们的教育学”像不像“他们的哲学”？也许没有哪个哲学专家会回答这样的问题，恐怕哲学专家忙得连自己专业的论著都看不过来，哪里有闲心思看教育学的论著呢？至少，最近几十年，还没有哪个哲学专家就哪一篇、哪一部教育学学者的教育学论著公开说话。而且，“中国哲学”和“哲学在中国”这样的话题，哲学专家自己也闹腾不清楚呢。当下的学术界，是中国历史上最闹腾的时代，几乎要把历史上的每个事件研究一通两通三通四通五通……把历史上的每个有痕迹的人物研究一通两通三通四通五通……研究来研究去，沙尘暴还是沙尘暴，污染还是污染，闹不好研究本身就是沙尘暴，研究本身就是污染。一排一排的树木砍下来，变成纸，再变成各种各样的论著——确切地应该叫“科研成果”，或者出版，或者不出版，维持着某个生态系统。

教育学可能是所有文科学术中，学术性最低的学科，活脱脱的草台班子唱大戏的样子，学教育学到底要有什么样的学术训练，实在不清楚。这里拽一下文，或者拽一下哲学概念，来讨论一下教育学的科学性如何。托马斯·库恩（Thomas Samuel Kuhn，1922—1996 年）的《科学革命的结构》一书的“范式（paradigm）”概念，是当代最富有力量的科学哲学概念，也是科学的判定者。库恩说：“我选择（范式）这个术语，意欲提示出某些实际科学实践的公认范例——它们包括定律，理论，应用和仪器在一起——为特定的连贯的科学研究的传统提供模型。”①范式在库恩的笔下，被认为具有多重的含义，21 种含义，“范式”应该有两种不同的使用含义：“一方面它代表着一个特定共同体成员共有的信念、价值、技术等等构成的整体。另一方面它代表着那个整体的一种元素，即具体的谜底解答；把它当作模型和范例，可以取代明确的规则以作为常规科学中其他谜底解答的基础。”②

库恩本来是研究理论物理学的，他后来发现，自然科学如物理学并不是在前人研究逐步积累的过程中形成的，而是每个阶段（每个科学家）都有自己的“范式”，两个范式之间不可通约：牛顿的物理学理论与爱因斯坦的物理

① 托马斯·库恩. 科学革命的结构［M］. 金吾伦，胡新和译. 北京：北京大学出版社，2003

② 舒炜光，邱宗仁. 当代西方科学哲学述评［M］. 北京：中国人民大学出版社，2007

学理论，已经完全不一样，或者说，爱因斯坦不是从牛顿那里“积淀”或者“继承”过来的，只有否定牛顿的物理学范式，才能接受爱因斯坦的物理学新的范式。这也就是所谓的“范式的转移”，或者“范式替代”，如“日心说”取代“地心说”。现在的科学理论，往往会发现过去的科学范式反常，有的反常或者能被旧有的范式解释，但是有的反常完全不能被解释。那么，科学就进入新的观察、证明等，新发现实际上就是危机，危机就是革命，最终，科学家自己的世界观发生了革命，也就是新的范式的建立。科学的革命就是这样的循环。这样，我们才知道他的书为什么要用“革命”来命名。

这似乎像王朝更替，都是王朝（如都是“物理学”），后一王朝恰恰是否定前一王朝之后的革命结果，直到新的王朝把当下的新王朝“革命”掉，如此循环革命。

回到教育学。民国期间，中国的教育学以欧美教育学范式如美国哥伦比亚大学的杜威、克伯屈、孟禄等人，陶行知和陈鹤琴都是哥伦比亚大学的教育学范式出来的，杜威、克伯屈、孟禄还来中国讲学，为中国培养教育学学者。新中国成立初期，我们一切学苏联，民国期间的教育学专家，在新中国的 1950 年代，放弃了以前的欧美教育学范式，改学苏联凯洛夫的《教育学》。而 1950 年代中下期，政治运动开始，大学教育系学生凯洛夫的《教育学》往往都没有学完，如班华老师 1956 年进入南京师范学院教育系，他给我说，他就没有学完凯洛夫的《教育学》，大学生去学工学农了。实际上，他和他的同龄大学生，接受的大学教育，在知识上与学科上是不完整的，班老师给我说，他更多的是自学的；1977 年恢复高考以后，大学《教育学》多是带有政治性话语的讲义。后来陆续出版了《教育学》教材，具有奠基影响的代表性教材，是南京师范大学教育系编写，人民教育出版社 1984 年出版的《教育学》，因为封面是绿皮的，一般惯于称为“绿皮《教育学》”。作者是鲁洁，班华，钱孝珊，周立人，吴也显，张婉兴诸位老师。我在南师读本科时上“教育学”这门课的时候，吴也显老师和令狐昌毅老师用讲义给我们上课。我们上过课以后，教材出版了。我是最幸运的，因为除了张婉兴老师没有给我上过课，其他几位老师都给我上过课，我后来成为班华老师的博士生。多说一句，这几位老师都算是90年前出生的人了。

绿皮《教育学》的“教育”定义，也就是教育的本质：“教育者按照一定的社会要求，向受教育者的身心施加有目的、有计划、有组织的影响，以使受教育者发生预期变化的活动”。上述定义反映了包含在教育过程之中的几种要素：教育者、受教育者、教育影响；也反映了这几种要素之间的联系以及由它们所构成的特殊矛盾运动。因此，它也就是教育（狭义）的本质。[①]这是代表性的“教育”的定义，今天中国大陆的“教育学”仍然是这样的定义。这是中国“教育学的范式”。

即使世界公认的三本教育著作：柏拉图的《理想国》，卢梭的《爱弥儿——论教育》和杜威的《民主主义与教育》，教育学专业的硕士研究生和博士研究生也一般不会当经来读，也多不懂他们的教育学范式。

绿皮《教育学》以后，1990年代，教育学粗略地分，似乎可以分为四个范式：一是绿皮《教育学》那样的“教材范式”，二是论文的“理论范式”，三是专著的“并没有自己的个性化范式”，四是“学术规范”的“套模板范式”——读一篇研究生（硕士、博士）论文，和读一千篇研究生（硕士、博士）论文，没有区别；读一篇发表的学术论文，和读一千篇发表的论文，没有区别。写论文是技术，与思想和语言文字没有关系，与学术没有关系。“套模板范式”成为“学术的王道与霸道”，只要论著不符合“模板权威性”，一律“砍头”——这个革命，比库恩的“革命”，简捷多了。

二、班华老师喃喃地说：听不懂，听不懂

我在想，如果陶行知（1891—1946）、陈鹤琴（1892—1982）活在今天，他们那么浅白的所谓教育“理论”，会有什么样的遭遇？譬如陶行知说“教人做人、教人做好人、做好国民”这样直白的话，没有哲学味道，没有“主体

① 鲁洁，班华，钱孝珊，周立人，吴也显，章婉兴合著（按章次为序）．教育学（第3版）［M］．北京：人民教育出版社，2005年．

性”，没有“主体间性”，谁不知道“教人做好人”呢？说这样的话，怎么就成教育家了呢？陈鹤琴说“活教育的目的就是做人，做中国人，做中国现代人”。谁不知道“做人”呢？说这样的话，怎么就成教育家了呢？

前几年，当代教育学中的大家，班华老师（1935—2022）在教育学学术会议上，坐在主席台下，极其认真地听着他的学生辈的教授在大会上的理论味道的发言，他喃喃地说：听不懂，听不懂。他认真记录，听不懂，也就记录不下去了。我就坐在班老师的旁边，我倒是听过那些教授嘴里吞吐的一些名词术语，也看过一些关于那些名词术语的论著。至于那些名词术语的真正理论含义，或者一般的学术含义，我不知道弄教育学的人，到底有几个人懂得。

窃以为，当代的所有学术研究，实在是“过度诠释”，或者是“过度研究”，因为社会永远都有问题，那么多的“研究者”来“做研究”，不找点问题、不夸大问题，就没有了卖场了。倒是真问题，“做学问”的人越来越不敢去碰，因为根本就没有研究能力，或者其他原因。

班华老师的教育学，显得“不哲学”“不唯理论”，而且有些“下里巴人”的味道。但是，我觉得那是班老师的浪漫，因为，也许再过几十年，我们和我们的后人，回过头来看今天的教育学，班老师土里土气的“泥土”教育学，里面已经长出大树，多少“哲学教育学”“理论教育学”“概念教育学”“名词教育学”可能化为了泥土，倒在了树底下，成为大树的肥料了。绿树成荫的那一天，“家祭无忘告班翁”。

譬如他主编的《中学教育学》就是很浪漫的“勾当”。我跟他读博士的时候，他围绕着中小学的教育，构建“心育”体系，或者“心理教育”体系——他早就伺候那样的教育学了。班老师时常带领我们去中学“做课题”，而中小学也时常邀请班老师去指导。这很类似于人类学的“田野研究”，我的博士论文属于文化人类学范畴，是在乡村小学中思考出来的，多少有一些“田野”的浪漫呢。

班老师的浪漫，或者班老师的土气，是一直围绕着中国中小学说话，譬如，他研究“班主任”——“班主任研究”根本就不算“科研成果”，他却几十年地把自己泡在里面，而且他还把别人“拖下水”——大概30年前，他就在南京师范大学教育系（那个时候，大学或者学院，下面是“系”，后来没有“系”了，都成为“学院”，甚至“部”，真是“做大做强”啊）倡导“班主任研究”，成立“班主任研究中心”，而且自己不愿意做“班主任研究中心”的“领导”，只愿意做一个普通研究者，而他是班主任研究的实际指导者。今天，南京师范大学的班主任研究中心，在全国有崇高的地位，“始作俑者”就是班华老师。

现在的南京师范大学“班主任研究中心”主任是齐学红教授，她是又一代浪漫者。齐学红教授主持的“随园夜话”，就是“班主任沙龙”，班老师经常参加。齐学红教授担任中国教育学会教育人类学理事会理事长，不仅在南京师范大学“班主任研究中心”“夜话·班主任沙龙”，而且她将这样的浪漫，铺到了全国许多地方，她往往一年有不少时间都在中小学的“田野”里，而不是在书斋里“弄理论”。看样子，齐学红教授在中小学的“田野里”，是要“将浪漫进行到底”。

三、班华老师：“生命自觉”教育学范式

在社会科学与人文学科领域吃饭的人，或多或少都会有意无意地考虑“中国特色”或者“本土化”，就教育理论界来说，能够形成某种思想倾向的人，可能就班老师一个人。譬如，中国大陆的“德育”概念，到现在都是很不容易说清楚的，从上个世纪80年代前后，一直到当下，中国大陆的“德育”概念，是不同于其他任何国家与地区的“德育”：“德育”基本上包含“思想教育”“政治教育”和“道德品质教育”。

班老师说：道德教育指道德品质的培养；思想教育指世界观、人生观等方面的教育；政治教育主要是政治思想、政治立场、政治态度方面的教育。目前我们对三者各自的特殊性研究不够，对其认识尚不充分，一般德育原理教材未将三者作严格区分。①

① 班华．现代德育论（第2版）[M]．合肥：安徽人民出版社，2001年．

我认为，中国大陆的“德育”学科（概念与体系），主要是两个因素，第一个主要是中国社会的政治性质，1977 年恢复高考以后的“德育”学科，是在 20 世纪 80 年代前后形成的，主要是南京师范大学教育系的鲁洁老师和班华老师；第二个则是鲁洁老师和班华老师他们那一代老师的学术功底决定的，譬如说，缺少伦理学的知识背景。

在“德育”思维中，鲁洁老师偏于理论钩沉，以“人”为思考，提出“走向世界历史的人”和“德育的个体享用性功能”。鲁洁老师对我的关心和学术熏染，使我终生思念她，感念她，我觉得我和她更像学术友人，能够在一起说话。我确实带我的学生去她家和她几次聊天，就像乡下侄子侄孙带着大蒜大枣南瓜玉米棒去看望城里的姑妈姑奶奶一样。

班华老师则偏于“生命自觉”，他在《生命自觉——我希望具有的教育信念》[①]一文中提出：做自觉教育者。做自觉学习者。提高生命自觉。要具有教育爱。具有教育使命感。享受教育幸福。读实践形态的书。建设中国特色的心理教育。建设中国特色的班级教育学。解放儿童。

譬如，他在“建设中国特色的现代德育学科”的学术报告中，提出“自觉继承、发扬优秀传统道德教育文化”“中国农村社会背景中的道德教育研究”“多民族国家背景中的民族德育的研究”“中国特色社会主义德育问题研究”。而《德育目标应有的要求：民族精神与世界精神的统一》一文，则是典型的“中国特色”和“本土化”思想。

这些话读起来和陶行知的“教人做人、教人做好人、做好国民”，陈鹤琴的“做人，做中国人、做中国现代人”何其相似乃尔！

四、班老师的浪漫和跟随班老师的浪漫

班老师出生于 1935 年 8 月 28 日，逝世于 2022 年 11 月 27 日。他后来给我写信称我为“世响”或者“世响老师”，自称“友，班华”。班老师和我聊

---

① 《中国教育报》2019 年 09 月 26 日第 7 版：理论周刊 · 学校科研 .

天，他给我说过一些他的事情，我约略地记得一些。我记得他说他姐夫在他上学的时候资助过他，他工作以后，就把工资的一部分邮寄给他姐夫，后来他姐夫就不叫他再给寄钱了。我在老师家见过他老姐姐一次。

他是安徽巢湖乡下平民家庭出身，上过一点私塾，字写得很有功底，他说他在“文化大革命”中练过字，我一直问他要字。我和他电话里说，等疫情结束后，我带我的弟子再去看望太老师，老师答应给我写字，还要再深入地聊天。我却永远没有了机会。

他的先尊翁先在上海盐业做工，班老师就出生于上海，后来，他的先尊翁在南京谋生，班老师跟随到南京，落籍南京。班老师先上南京师范学校（就是现在的宁海中学），1956 年考上了南京师范学院教育系，就是现在的南京师范大学教育科学学院——我是 1982 年考上了南京师范学院教育系，从学缘上说，班老师是我的“老学兄”。20 世纪 50 年代，国家缺人，班老师给我说，只要考大学就能够上大学，以班老师的功底，考北京、上海更大的大学，肯定能够考上，他想当老师，就报考了“家门口”的南师。班老师 1960 年毕业时，成绩优秀，留校了。他的夫人，我的师母郭勤是南通如东人，和他是大学同班同学，则分配到淮阴地区县里的教育局，后来才调回南京，在中学当老师。我每次给班老师打电话，都要和师母通话，除了问候，再说几句闲话，她在电话里给我说，她极其在意这个。

我上本科时，知道系里有一位有造诣的班华老师，班华老师却没有给我们上过课，当然我也没有机会和胆量与班老师说话。我记得他时常穿着蓝色中山装，我们宿舍离他的寓所不远，有时见他去教工食堂打菜。这是我在大学生阶段知道的一点点班老师。

我报考博士时，一位仁义的师姐，鼓励我大胆报考班老师的博士。班老师当时是深有造诣、名重一时的博导，我就不知轻重地报考了班老师的博士，竟然冒险成功，成为班门弟子，这是我一生的机缘。班老师的学问我没有本事学多少，能够成为他的弟子，跟随他在“闹腾”学问的时代，厕身学问，享受了社会赐予的尊荣，已经占了浪漫了。

我说这些，不是像古代那种为先贤作“行状”的样子，而是思考班老师的浪漫何在？人生不长也不短，到底能够活出什么样的味道呢？海德格尔对于亚里士多德的评价是：“他生出来（出生），他工作，他死了。”谁不是“生出来，工作，死了”呢？海德格尔对亚里士多德的如此评价，也许有哲学家自己的特殊意思，如果用我执拗的浪漫观，那就是生出来（出生）是浪漫的，工作是浪漫的，死了是浪漫的，因为他如班老师、你、我如毕世响，曾经来到了人世间，这就是浪漫。没有来到人世间的“人”，即使有浪漫，也对人世间没有触动。他、你、我总会影响几个人如自己的父母，兄弟姐妹，周围的或者疏远或者亲近的人，当老师的当然影响自己的学生。

孔子和诸子百家当老师，周游列国，鼓吹自己的学说或者思想，卖出去也罢，卖不出去也罢，浪漫得紧。孟子的弟子彭更还批评孟子说：“你老人家坐车在前面走，后面跟着几十辆车，带着几百个弟子，在各个诸侯国家混饭吃，太踐了吧！”[①]当然，孔子、孟子和诸子百家，处于人类的“轴心时代”，天生就是为人类崩裂智慧和思想，我们天生是砍树的，使命不一样；即使到了偏安一隅的南宋时代的淳熙二年（1175 年），理学家吕祖谦（1137—1181，字伯恭，人称“小东莱先生”）还跑到武夷山“怂恿”朱熹（1130—1200，字元晦，又字仲晦，号晦庵，晚称晦翁，谥文，世称朱文公），翻山越岭从福建去江西上饶的铅山县鹅湖镇鹅湖寺，与江西的陆九龄（1132—1180，字子寿，人称复斋先生）、陆九渊（1139—1193，字子静，世称存斋先生，象山先生）昆仲，以及一些地方名流与读书人，来了一场“尊德性、道问学”的辩论，史称“鹅湖之会（辩）”，这样的浪漫在中国历史上，成为不可逾越的巅峰。

“鹅湖之会（辩）”的主角，当时朱熹 45 岁，吕祖谦 38 岁，陆九龄 43 岁，陆九渊 36 岁，他们已经是有思想的人了，在整个中国思想文化史上，他们的地位都是挺拔的，尤其是朱熹，是中国继孔子以后的第二思想家。我们现在知道的儒家，不是原始儒家，是朱熹儒家，没有朱熹，儒家和孔子也许

① 彭更问曰：“后车数十乘，从者数百人，以传食于诸侯，不以泰乎？”（《孟子·滕文公下》）

就长成野草了。放在今天，这个年龄的中年人，也只能是没有斤两地不知道是老几罢了。宋朝是继春秋战国诸子百家以后的思想文化时代，宋朝也是中国文化思想的顶峰，宋朝皇帝与士大夫共治天下，是人类的一个梦想时代。以后，元明清三代，皇权对文化思想的钳制，使中国人的脊梁再也挺不起来。所以，学术不仅仅是知识分子的谋生伎俩，是国家、社会与民族的精神表征。

班老师实际上是1977年恢复高考以后“弄学术”的人，他的老师辈的人如陈鹤琴先生等都逐渐隐退了。1977年恢复高考以后上大学，后来才“弄学术”的人，如我这一代人，就是跟随班老师浪漫的人。班老师曾经是天上的星辰，已经隐退了，我也到了退休的年龄了，我的学生接着浪漫。就像我们从诸子百家到宋明理学那样，或者是太阳的光芒，或者是星空的光芒，或者是萤火虫的光芒，或者是草，夜晚的露珠撒在身上，白日太阳一照，也能映出一点光呢。

我当年跟着班老师在一些会议场合也“传食”过几次，那也很浪漫呢，这样的浪漫，在当下的“学术会议（活动）”中还“浪漫”着，也是知识分子的一种生活方式与生存方式。我当年跟随班老师，也“弄”过一些辩论，当然谁的辩论都不能与鹅湖之辩相提并论，我却也小小地浪漫了一点点。以后，我就把这样的浪漫，带到了其他场合，大概是灵魂深处有浪漫的蠢蠢欲动吧。

而我们这些俗人当老师，最多祖述“轴心时代”的老师的思想，也是我们的浪漫。

班老师和他同龄的大学老师一样，我觉得没有多少浪漫，只有踏实生活与生存。我之所以非要从“浪漫”思考，是因为我的生活与生存，了无浪漫，根本就比不上班老师和班老师那一代学者，我就想从班老师身上，臆想出一点浪漫，是不是也可以遥追诸子百家“后车数十乘，从者数百人，以传食于诸侯”的浪漫，那就把我们参加学术会议，风驰电掣的动车，腾云驾雾的航班，会场上或长或短的发言，当作浪漫吧。否则人生也就真的不浪漫了——对我这样平庸的人来说，臆想出来的一点浪漫也是浪漫呢。

享受教育实践的幸福

——班华老师的科研范式

潘慧芳（南京师范大学道德教育研究所）
赵炳红（南京市教育科学研究所）

近半个世纪以来，在班华老师的中小学校道德教育实践的道路上，我们有幸与班华老师相遇。班华老师主动积极地为教育现实服务的科研范式，尤其是他“享受做自觉教育者的幸福”理念深深地烙在我们心中。在此，谨以点滴回忆及感悟，表达我们对他的深切缅怀。

一、享受扎根于现实的幸福

学问，是高等学校的命脉。如何做学问，因人而异。班华老师做学问的鲜明特点是比较多地重视在教育实践中捕捉问题，做学、思、行、写一体化的学问。他的很多科研项目和论文都产生并服务于教育现实。

上个世纪70年代中期的一个秋天，南京市第一中学团委组织老师讨论如何处罚学生的性爱错误言行问题，当时请来了南京师范学院教育系（南师大教科院前身）的班华老师。面对老师普遍倾向于要处罚学生的情绪，班华老师平和地说：不要简单地把学生身心发展过程中的偏差言行当作道德问题……这是我们第一次知晓了要将学生青春期身心发育过程中的不当言行与思想品德问题加以区别的道理。讨论会上班华老师慈祥、平静、乐于倾听，不多的平实话语令我们耳目一新，瞬间消解了大家对有性误差言行学生的厌弃情绪，教师之爱油然而生。当时，南京市普通中小学教师还比较缺乏心理教育的意识和知识，更没有认识到心理学也是合格教师必备的基础知识。班华老师发现了这个问题，用教育科学理论的钥匙，为普通学校的老师们打开了一扇全新的、科学的、理性自觉的教育之门。

上个世纪 80 年代中期，班老师与我们交流南京市教科所的工作时，兄长般地与我们讨论：你们从普通学校教师转变为市级教育科学研究所的工作人员，是不是要努力多学习一些教育理论就能称职？如果不经常了解学校教师、家长，特别是青少年身心发展的变化和需求，仅仅靠多掌握了一些教育理论，就能解决实际问题吗？理论联系实际的路子怎么走？……在班华老师理性思维的引导下，我们逐步理清了在市级教科所工作的基本思路：科研工作要以准确选择研究课题为行动抓手；要努力争取各级行政管理部门的领导和支持；要组织和发挥各级各类学会组织的桥梁和纽带作用；等等。班华老师还十分乐意与我们一起到学校去调研、到南京市班主任讲习班和南京市思想品德教育研究会等场域作专题报告，引导我们在解决教育实践难题过程中学习有关教育理论，帮助我们逐步懂得了努力将教育实践建立在理性自觉的基础上。

1984 年人民教育出版社出版了班华老师主编的《教育学》教材，其中德育和心育关系的内容吸引了我们，颠覆了当时我们多数教师习惯于以长者身份、万世师表的面孔、一本正经地“教导”学生的传统教师观。我们开始学习和思考应该如何以平等的姿态与学生谈心交朋友、如何成为受学生欢迎的新型老师。如果班华老师没有走进真实的学校生活，不具有前瞻的现代教育理念，是难以这么敏锐地抓住当时普遍存在的教师观问题的，也难以走在时代前列，推动教育学和整个教育系统教师观的时代转变。

1985 年在南京召开的全国教育研讨会上，班华老师提出的“心育”概念及其理论，引导我们学习和摸索心理教育与德智体美劳的各育关系。我们在心育理论实践过程中，感受到了该理论所产生出来的意想不到的教育力量，激发了大家对理论学习的极大兴趣。在教育理论魅力的吸引下，我俩都放弃了教育管理岗位而陆续走上了专职教育科研工作的岗位。

正是班华老师走进中小学校、走近学校教育一线的问题，我俩才有可能相遇，才有机会得到班华老师面对面的理论指导。我俩是班华老师扎根教育现实的科研方式及其学术研究成果的直接受益者。每当我们感到班华老师为了我们而浪费了他自己很多时间和精力时，总会发现班华老师本人却很快乐，他享受着理论能为现实服务的幸福。

二、享受理论转化为实践的幸福

理论，反映的是事物的本质和内在规律，具有抽象性、共性、系统性。实践，则都是鲜活的、变化的、个性化的。道德教育实践中的工作者和对象更是学养迥异、千差万别。班华老师在创建德育新理论的过程中，潜心研究普世理论与活生生的具体实践如何有机结合，探索了一些理论联系实际的有效路径。

他将理论研究成果转化为中小学生读本，潜移默化地引导学生提升了自己的品行追求。班老师在承担了江苏省“九五”哲学社会科学研究规划项目“中小学生道德教育与心理教育相结合的研究”的过程中，走进了中小学生生活，了解他们的现状和需要，主编了面向学生的“心理教育与道德教育丛书”（共 6 册），由河海大学出版社 1999 年出版。该丛书包括《健康伴我成长：学会健体》《奉献一颗爱心：学会做人》《叩开智慧之门：学会学习》《走上求知新路：学会认知》《撑起爱的晴空：学会关心》《创造美好人生：学会做事》等。该套丛书深入浅出地将 1989 年联合国在我国北京举行的面向 21 世纪国际教育研讨会发表的一项会议报告“学会关心：21 世纪的教育——圆桌会议报告”思想，转化为了学生读本。我们在组织学生阅读该丛书时发现，其内容符合中小学生身心发育特点及其问题，其文本形式生动活泼、图文并茂，学生在喜闻乐见的阅读中潜移默化地了解到自己健康成长的精神世界——“四个关心”，即“关心健康、关心他人、关心环境、关心学习”，拓宽了学生的精神视野，提升了学生的品行追求。

班华老师建议将理论研究成果转化为各级教育管理部门的政策文件，提高了德育工作管理的有效性。德育理论是一门系统性很强的学问，心育理论更是如此。正确的理论能保证教育实践的方向性和避免盲目性，但抽象的概念不能简单地直通现实。教育理论转化为广大教师的教育行动，不仅需要老师的个人理解，更需要相关方面和多种力量的融合，才能实现群体行为。为实现理论付诸实践，班华老师指导南京市教科所研制出版中学和小学《德育实施纲要》(以下简称《纲要》)。各级教育管理部门以该纲要为行政文件，要求广大中小学一线老师以该文件为行动蓝本，统一实施。《纲要》通过行政管理部门的推动，促进了南京中小学生德育工作实效性的不断提高。南京市中小学德育工作的新局面不仅受到江苏省教育厅的高度重视，还得到了江苏省教育厅的表彰，被授予“德育先进市”的荣誉称号。

班华老师还坚持班级教育理论研究与班主任的培训工作紧密结合。1994年10月，班华老师倡导成立了“南京师范大学教育系班主任研究中心”。他认为，班级是整个教育的基本组织形式，研究班级教育这个学校教育的基本细胞，才能实现教育质量的整体提升。研究班级教育必然离不开对班主任的研究和培养，只有着力提高班主任这个群体的理论与实践能力，才能实现班级教育理论研究转化为现实的教育行为。班华老师主持了全国教育科学“九五”规划教育部重点课题“中小学班主任与学生素质发展的研究”，发表了《建设中国特色的班级教育学》一文，提出了“发展性班级教育系统”理论，指导班主任理论研究及其实施的同步发展。

班华老师晚年病重期间，仍坚持参加该中心主任齐学红教授定期举办的班主任沙龙“随园夜话”。十多年以来该中心已经组织举办了上百期活动，约有万名来自全国中小学一线的教师参加“随园夜话”沙龙。该沙龙活动没有专项经费保障，没有行政管理要求，耗费了组织者大量“非学术研究”的时间和精力。但是，至今她们依然坚守着。因为，“随园夜话”的学习交流活动让参会者个人不断前行和成长，带来了新教育思想的广泛传播和班级管理的进步、学生的成长。这持续开展的“随园夜话”活动，是理论研究工作者们在执着地践行着教育理论必须转化为现实的教育力量，以实现教育理论研究的意义和落脚点，是班华老师理论联系实际的精神传承。

三、享受践行高尚道德的幸福

翻阅班华老师在 2019 年 7 月出版的《优化心理素质，享受幸福人生》和 2020 年 2 月出版的《提高德性素养，享受道德人生》这两本著作，深切感受这两部著作不仅启迪读者学习、思考与行动，引领道德发展，而是更多地展开了班华老师自觉身体力行，提升和优化自身灵魂的做人标准、德性修养：学习做自觉道德教育者；享受道德人生；重视道德能力的培养；重视道德实践；学习做自觉道德的学习者。班华老师的一生在自觉地践行这些标准。

班华老师是中国中小学班级教育原理研究的先导。他主编的《心育论》（1994 年出版），获江苏省哲学社会科学一等奖，至今依然是心理教育研究的经典著作。然而，他在《优化心理素质，享受幸福人生》专著的“自序”里写道：“许多一线教师自觉或不自觉的教育实践早就涉及心育与德育的交叉融合问题，只不过我对这些问题进行了一些归纳总结罢了。……北京教育行政学院的刘秋梅老师曾问我：人的思想和心理有什么不同？……作为一个问题，常在我脑海中盘旋。刘秋梅老师提问，是我关注心理教育的开始。探索心理教育的过程让我感悟到：有时提出一个问题比解决一个问题更有意义！刘老师提的问题我是不会忘记的，我要感谢刘老师！”班华老师把自己对这一问题的思考和理论贡献，归功于实践一线老师的启迪，完全不谈自己是如何通过已有理论及其概念、判断、推理等思维逻辑过程来认识、推导和把握心育的逻辑体系，而这抽象性、本质性与逻辑严密性恰恰是现实转化为理论的关键。班华老师的“功成不必在我”的胸怀，正是在践行做谦虚的人、有道德的人的标准。

一位理论研究工作者，常常会面对如何在理论研究与实践研究之间进行选择的问题，如何正确地穿行在两者之间的问题。在现实的高校学术管理和教师职业生活中，似乎更在乎理论研究……像班华老师这样始终坚持不受任何学术之外的因素影响，一方面主动深入中小学校引领教育实践，另一方面又不被大量的实践事务所羁绊而丢失自己的理论研究，这样的理论工作者的科研范式实在太少、太不容易、太可贵，值得推崇！有耕耘就会有收获，有泥土就会有绿荫，这是世间万物的基本回报律。班华老师执着地追寻理论与实践相结合的研究，自然地获得了这符合教育研究基本规律的丰厚回报——走在时代前沿地创建了心理学新理论，享受到了道德人生的幸福。

1994 年班华老师主编的《心育论》

班华老师对一线教师的指导、讲座或是班老师研究问题，从来不把自己当作居高临下的学术权威人士。记得与班老师见面时，如果你招呼“班教授好”，他都会说，不要谈“教授”，直接称呼“班老师”最好，渐渐我们也就习惯称呼“班老师”了。他的一本文集书名《享受和班主任朋友共同成长的快乐》，强调他与班主任是朋友，共同成长，共享快乐！他晚年赠予南师大研究生一句话就是："让我们共同尊重友谊，享受生命，永远幸福！"班老师对他人的爱不仅体现在对他人学养、能力的培养，还体贴入微地关照他们个人和家庭生活。有一次我和他说起他的一位熟人的成就时，他兴奋地像一个孩子。当时，他那么自然、灿烂的笑容，把我们都给感动了。还有一次他知道与他交往不多的潘老师生病时，为鼓励潘老师，他竟然不顾自己身体欠佳而带领潘老师的几位好友由南京城西跑到城东去探望……班华老师对他人的爱与自己的道德追求相互交融。

班华老师"享受做自觉教育者的幸福"的追求，享受扎根教育实践幸福的科研范式，一定会得到研究和传承。班华老师安息吧！

学习和传承班华老师的科学教育思想

黎鹤龄 （南京市外国学校仙林分校）

2023 年 2 月，在“随园班主任研究 30 人论坛”缅怀班华教授专题会议上，齐学红教授提出“我们觉得对班老师最好的一种怀念就是去传承”。我很赞同，谈点意见。

班华老师无疑是交叉科学研究的先锋，他早在 20 世纪 90 年代初，就谈起科学教育同德育的交叉与融合。

班华老师的《科学教育中的德育》，是发表在 1994 年第 2 期的《辽宁教育学院学报》上的。我学习的体会是：

班老师的文章一是宣传了科学教育的价值。文章指出：“科学教育和科学价值观教育、科学道德教育本来就是有着内在联系的。科学技术的进步，对掌握和运用科学技术的人在价值观、道德精神素质方面提出新的要求；而人的思想、品德的形成需要有科学教育为其提供必要的科学知识基础和智力基础。”科学教育对人的思想、品德的形成有基础的重要作用，班老师的论证，提高了我对科学教育价值的认识，使我认识到科学教育是基础教育中的应有之义，从而提高了推进科学教育的自觉性。

班老师的文章二是阐述了科学教育的德育内容与方式。班老师的这篇论文讲了七个部分，分别是：一、全面的科学教育应兼施德育职能；二、“爱科学”的国民公德教育；三、培养“爱祖国”的公德；四、为建立科学世界观奠定基础；五、培养学生的科学精神；六、科学道德的教育；七、科学教育中实施德育的方式。这篇文章，使我认识到科学教育应有的德育职能，了解到科学教育的德育内容的五个方面，以及科学教育中实施德育方式的四个方面。班老师将科学教育德育的主要任务讲得非常简明清楚，即“今天我们应当坚持全面的科学教育，要在理性教育中进行情意教育，在科学知识教育中进行思想道德教育，进行完满人格的培养”①。文章对科学教育的德育为什么做，做什么，怎样做，讲得清清楚楚，这极大促进我们掌握好班老师阐述的科学教育德育的意义、内容和方式，从而更好地开展科学教育。

班老师的文章三是体现班老师带头走进交叉科学研究领域。浏览中国知网上班老师的100多篇文章，看到他不仅讨论了“科学教育的德育”，还研究了心理教育与道德教育、心理—道德教育、生态道德教育、德育审美一体化、德育与教学、教育创新、以生命为本、以体育发展人、班主任与发展性班级教育系统、我国现代化教育学、经济教育，等等。班老师40年前就率先投入交叉科学研究，让我们进入科学研究的新阶段——“有远识的科学家纷纷转向传统学科的交叉地带，将本专业的知识与可能相关的其他知识结合起来，从而使交叉科学研究走上了自觉发展的新阶段”②。

在多学科多领域交叉与融合方面，齐学红教授主持南师大班主任研究中心工作之后，特别重视学习和传承班华老师的思想。我们还都记得，齐老师主持随园夜话上百期，沙龙话题内容丰富，诸如教育与体育、教育与科学、教育与读书、教育与艺术、教育与生活。这些主题的热烈讨论，让大家记忆

① 班华．科学教育中的德育［J］．辽宁教育学院学报，1994年第2期第33页．
② 赵万里，邢润川．论自然科学和社会科学的交叉、联盟、合流［J］．科技导报，1992年第11期第2页．

犹新。长期这样的文化熏陶，使班主任骨干老师们，都不会就事论事，而更多地说到综合，说到融合，说到交叉学科，说到跨学科跨领域。班老师、齐老师为班主任骨干队伍奠定了这样好的思想学术基础，可以预见，发展性班级教育系统的建设一定会日臻完善。

我特别要感谢，班老师对我一点进步，都能给予热忱肯定和支持，使我更加努力。我1994年教管专业本科毕业论文《中小学科技教育的德育功能》得以通过，由赵炳红老师等德育专家推荐到中国教育学会年会上交流，并且获得江苏省教育学会评选一等奖，后又发表在中国科普研究所的《科普研究》刊物上。班老师看文章后给予热情鼓励："选题极好！人们关注科技教育，但较少关注通过科技教育进行德育，或者虽也考虑了德育，但无较系统的思考。您的文章解决了这一问题，这是一个大贡献。"

我认为班华老师对我文章的称赞，主要是因为我的文章能联系实际针砭时弊，专门有节内容讲"影响中小学科技教育德育功能开发的认识障碍"，引起专家关注。这节内容指出"认识障碍"：

首先是对科学技术功能的片面认识。认识了科学技术不仅有生产力功能，还有精神文明建设功能，能促进道德进步，那就容易去认识和开发科技教育中的德育功能了。

其次是研究门类划分的局限性也妨碍了我们对中小学科技教育德育功能的认识。长期以来，科技教育和德育被人为地分割开了，好像科技就是让学生掌握点科学技术知识，划入自然科学，划到"智育"里面；而从事德育的同志又自觉或不自觉地把自己划到社会科学的领域，很少研究科学技术的历史与现状，也不去研究科技教育。分类研究，是人类认识发展到一定历史阶段的产物，它有利于人们对不同的领域分别考察，但它也造成了各自研究的局限性，妨碍对事物的整体认识。

班华老师认为我的文章揭示了"人们关注科技教育，但较少关注通过科技教育进行德育，或者虽也考虑了德育，但无较系统地思考”的问题，由此评价“您的文章解决了这一问题，这是一个大贡献”。实事求是说，我只是涉及一点问题，更谈不上是“解决了”。我衷心感谢班老师，而最期待的是：“在这种时代背景下，从事科技教育和从事德育的同志应自觉结合，认识到你中有我，我中有你，正确认识和开发科技教育的德育功能，为德育也为科技教育的健康发展创造条件”。

仁爱之师：追忆与班华老师在一起的美好时光

齐学红 （南京师范大学班主任研究中心）

中国班主任研究的开创者，对广大一线班主任有着深远影响的敬爱的班华教授于2022年11月27日离开了我们，作为中国班主任研究的后来人，在悲痛之余，我们以不断传承班老师思想的具体行动，向中国班主任研究的开创者致敬！回忆我与班老师一起学习、研究、成长的生命历程，班老师的音容笑貌，他作为一位仁爱之师对晚辈的关心爱护与扶持，令我终生难忘。

一、因为信任而彼此走近

2001年6月，我结束了在华东师范大学三年的博士学习历程，以及山东师范大学一年的短暂工作经历，带着对美好生活的憧憬与向往，来到了国内教育社会学和道德教育研究的重镇——南京师范大学，开始了为期两年的博士后研究工作。面对全新的读书和工作环境，还有独自抚养儿子的生活重负，临行前，我的导师金一鸣老师殷切嘱托，如果在生活上或工作上遇到什么困难，可以去找班华老师。至今我都不得而知，对我关爱有加的金老师为何对班老师有着如此信任。正是这样一份托付使得我与班老师之间建立起一种超越同事关系的信任。当我在两年博士后工作期间再度遭遇生命的不幸时，尽管有周围老师、同学的关心和爱护，但是班老师为人亲切平和给了我内心以强大的安全感。留校工作后，根据学院的要求，得知作为新教师需要有一位学术联系人时，我自然而然地选择了班老师，尽管那时我还没有走进班主任研究的行列。当你对一个人充满信任时，自然也会追随他所从事的事业。

二、因班主任研究而结缘

2005 年因为做了教育学系的副系主任，根据系里的工作安排，我兼任了班主任研究中心主任，从此开启了班主任研究的学术生涯。至今仍清晰记得，2007 年华东师范大学出版社大夏书系的负责人吴法源老师找到我和班老师，希望出一套班主任研究丛书。在此之前，班老师已在南京师范大学出版社出版了“21 世纪班主任文库”等书籍。尽管如此，班老师对这套丛书仍然投入了大量时间和精力，从书名到作者队伍都经过了仔细推敲和充分考虑。经过多次讨论，这套书的名称确定为《今天，我们怎样做班主任》，具体包括：“小学卷”“中学卷”“职业学校卷”和《优秀班主任成长之路》四本，其中《优秀班主任成长之路》卷由我负责，这是我第一次作为班主任丛书的分册主编。其间经过了数十次分册主编的研讨会，尽管是班主任研究的一名新兵，班老师还是充分尊重和信任我，允许我的这本书可以跟其他几本书有着完全不同的体例，正是这份尊重和信任成就了我的班主任研究之路。

丛书编写的研讨会大多是在班老师家进行的，我也因此成了班老师家的常客，经常受到班老师和他爱人郭老师的热情招待。编书的过程成为一段美好的回忆。这套书历时一年多的反复打磨和推敲，最终成为一套高质量的且深受广大一线班主任喜欢的培训用书，而我主编的《今天，我们怎样做班主任——优秀班主任成长之路》入选中小学图书馆指定用书，产生了广泛的社会影响。这本书在我个人的班主任研究历程中具有里程碑的意义，它为我开辟了班主任研究的新天地。

三、将研究变成日常生活

班老师家是我在南京生活的20多年里唯一经常光顾的地方，陪伴我40岁以后的美好时光。在《优秀班主任成长之路》一书中引用了一个中学生的案例故事，有一句话我记忆犹新，最好的礼物是去老师家做客，这是一种超越了制度化师生关系的普通人的交往关系，也是我一路学术成长过程中的特殊学术滋养，不得不感念在我一路成长中遇到的那些恩师。

我和班老师相遇在我40岁与班老师70岁的这段美好岁月。除了有一起编书的经历外，我们两代人的相识则源于“随园夜话”班主任沙龙，这个沙龙是我与一线班主任共同搭建的学术交流平台。每月一期的班主任沙龙成为我们很多人的共同期待，班老师更是乐此不疲地投入其中，从之前的自己前往，到由班主任老师接送他前往，再到后来因身体缘故无法参加，但他一直心系沙龙，总是把随园夜话沙龙的信息和照片发送到他微信的朋友圈中，可见他对沙龙活动的高度认可。在随园夜话系列丛书《班主任工作十日谈》的序言中，班老师对“随园夜话”做出高度评价，认为“随园夜话就是一种教育创新”。正是在班老师的高度认可和积极参与的精神引领下，“随园夜话”班主任沙龙成为南京市班主任日常生活的一部分，成为我和班老师日常生活的一部分，成为一段难忘的生命历程，融入我们两代人的岁月长河里。我和“随园夜话”沙龙成员不仅参与了班老师的多个生日庆祝活动，还在班老师病危时刻，在班老师爱人去世后的艰难时刻，陪伴在他的身边。班老师就像自家的老人一样，不是亲人胜似亲人，而这样的交往关系在今天这样一个时代实属难见。

四、学为人师：班老师的人格魅力

班老师是我班主任研究的引路人，而他作为仁爱之师对我在做人方面的影响更为深远。回忆我跟班老师在一起的近20年，他对我和周围的一线班主任总是关爱有加，以表扬和赏识为主，不曾记得班老师对我有任何的批评与指责。作为年轻人，在我们日常生活中行为总有不当之处，但他从不批评，而是转化为一种教育期待。比如，他经常跟我讲的是，多关心帮助年轻教师，给他们更多发展的机会。而这种期待中一定还有自己需要努力的地方。正如英国哲学家伯特兰·罗素所说："儿童不是通过痛苦的经历，而是通过幸福和健康的体验去掌握美德的。"回首自己的学术生涯，取得一些成绩，离不开班老师这样的仁爱之师对我的指导。他对我的赏识远远超出了我的能力和实际水平，应该是赞誉有加。比如他经常逢人便说"齐学红你能喝酒，这是你的能力，也是你的福气"；"我们大家一起学习齐学红"！最让我感动的是，在我 50 岁生日时，我的学生也是"随园夜话"的核心成员吴申全老师，竟然瞒着我跑到班老师家，请他为我写几句话，作为生日礼物。这件事如果放在我身上，我也许不能接受的，哪有长辈给年轻人过生日的道理，而班老师竟然欣然同意，而且亲自跑到附近的超市买来粉色的纸和笔墨，为我写下了贺词。在他眼里人没有辈分大小，职位高低，他对每个人的平和、尊重，是我终身学习的榜样。

他不仅对我关爱有加，对于广大一线班主任也同样如此，体现了无差别地对待每个人的胸怀和仁爱之心。在参加每月一期的"随园夜话"班主任沙龙时，他总是拿着一个本子，请一线班主任留下自己的姓名、单位和联系方式。他曾经留下的一句名言让我感动："成就每一个班主任的写书梦，并且为一线班主任的书作序。"他践行了"好的教育就是一种唤醒和成全"的理想。在他去世前几天，我和几位学生去他家里看望他，虽然他的记忆力很差，已经不认得人，但还是能脱口说出我和吴申全老师的名字，并且一如既往地要请我们在他家附近吃饭，当然是他付钱（这是他跟附近饭店老板达成的共识）。他作为普通人在生活中展现的一面，远胜于书本对学生的影响。平等尊重、无差别地爱每一个学生，这就是一位仁爱之师的模样，也是我一生努力的方向！

我何其幸运，得以走进一位人格高尚的仁爱之师的生活世界，在日常生活中，在普通人的交往关系中感受到他人性的光辉。当人类思想群星璀璨时，我理当把自己感受到的这份荣光无私地分享给大家，彼此温暖与照亮！

根植教育泥土　思系中国特色

——班华教授学术人生侧记

孙彩平 （南京师范大学道德教育研究所）

作为新中国第一代教育学人，班华教授以其对德育原理、心理教育、班主任研究的丰富思考成为中国德育理论研究中一面引领性旗帜。2012年开始，笔者协同几位学长带领研究生一起聆听先生聊他的学术人生，从中看到中国德育学科羽翼渐丰的过程，看到前辈先贤披荆斩棘的学术拓荒之路，更看到班华先生根植教育泥土、关注现实问题、思系中国特色的学术风骨。

一、亲近实践的教育思考

班华先生总是说，“我的思考有两个大的局限：其一是不会任何一门外语，也没出过国门，对国际社会的理论与思想潮流不了解；其二是在上学时没有打下扎实的中国古文阅读的基础，对中国优秀传统文化的理解不深入”。先生求学时代，国内得以流传的国外理论没有当下如此多元，主要是马克思主义哲学和苏联的教育理论，辩证唯物主义思维方式是先生思考问题的主要方法论，他还深入学习了《矛盾论》等具有中国特色的马克思主义哲学著作，在撰写文稿时经常引用苏联教育学家的理论。先生的思考并不停留于理论层面，联系实践、亲近教育实践则成为他独特的学术风格。在帮先生整理文稿时，我发现除了学术文章外，先生还为一线教师的研究成果撰写了大量的书评、序言。在他的文稿中，随处可见他对教育实践者的思考与探索的尊重，先生时常从这些教育实践者和一线教师的工作中发现其教育意义，发现教育理论的实践形态，乐于帮助他们实现从经验到思想的转变。初看到这些文字时，我是不解的，觉得先生将这些在理论研究者眼中只能归为经验总结类的文字给予那么高的评价，多少有失理论研究者的高度，作为理论研究领域德高望重的前辈，先生完全可以谢绝这些一线教师的请求。在见到有些一线教师的作品之前，先生其实并不认识他们，然而先生总是认真阅读一线教师撰写的文字，给予一线教师充分的鼓励，并从中发现他们在教育思考中遗漏与偏离的问题。先生总说，教育理论源于教育实践，脱离教育实践的理论是没有生命力的。

细细梳理之后，我发现先生之思穿行于教育实践与教育理论之间，他对关心德育模式的思考，对心理—道德教育形态的思考等，无不是一边借助理论依据，另一边直通教育现实。在他眼中，正是一线教师在创造和践行着现实状态的教育，他们的教育行动决定着教育和德育的现实状况，是教育理论和德育理论的重要源泉。正是源于这样的理论与实践的定位，他跳出从概念到概念、从逻辑到逻辑的纯理论思考，将向实践学习和向实践者学习当作教育思想者进行知识生产的一种重要且根本的方式，因而，先生的思考总是贴近教育与德育实践，文风朴素平实，文章没有深奥的理论，却对中国教育与德育现实有着更直接的解释力。

实际上，如先生所讲，他“享受跟实践者（原文是班主任）朋友共同成长的过程，（他）把这当作一种学术的快乐”。因而，对于教育实践，先生从没有把教育一线当作验证自己提出理论的试验田，也没有把自己当作真理的传播者，更没有居高临下，以学术权威的姿态要求教师按他的想法行动。走近一线教师时，先生是一位虚心的学习者，他总能看到教师在教育实践中的努力与创新，心甘情愿地为他们鼓掌喝彩。很多一线教师为先生的亲切所感动，与他结成忘年交，成为至亲的朋友。时至今日，耄耋之年的先生还积极参加班主任中心的“随园夜话”“大河母亲”等活动，即使活动安排在晚上，他也主动参与。因为对教育实践的亲近与重视，他还特别撰写了适合中学教师阅读的《中学教育学》给一线教师提供理论参考。

先生对教育实践的亲近，不止停留于中小学的教育实践，也体现在自己在教育生活中对学生想法的尊重与鼓励。在博士后研究期间，我有幸跟在读的博士生一起聆听先生的“德育原理”课，先生习惯先将课程要讲的问题梳理，然后问我们大家关于这些问题的想法，并在追问与对话中阐明自己的想法。记忆中，他在讲到自己的想法时，总是说“这是我个人的想法，不一定对”，从来没有给人留下“理直气壮”之感，在听到不同意见时，先生总是先表示理解并加以提点，“这样想也有一定的道理，但是……”针对我们即兴的想法，他会大加鼓励，然后再引导我们拓宽视野并进行深入思考。在他的课堂上，我们更多体会到的是被他鼓励后的兴奋。先生的文稿写好，总是打印出来发给我们，请我们提修改建议与意见。因为先生没有给我们带来他作为德育理论界权威的压迫感，我们也会“毫不客气”地谈自己的想法，包括对一些概念与用语的推敲。后来才发现，其实任何一个概念与说法，先生都事先认真推敲过，看上去非常朴素的语言，往往包含着他反复斟酌的深意。偶然有讨论后个别词句需要修改，他总是非常爽快地接受，并向我们致谢。交流中感觉先生好像没有把学生当学生，而是当成对话的朋友，当成一起思考的伙伴，到后来，我们逐渐理解，这样的做法，并非只源于他“谦虚好学”的品质，更源于他心中“没有学生就没有老师”的教育理念，先生把“向学生学习”，看作“教师从思想、专业等方面不断提高自己的一条重要途径，是自觉教育者——自觉学习者的重要教育信念”。

先生眼中的教育实践是广泛的，除了一线教师和自己的教育生活外，还包括身边儿童的生活经验。他由衷赞同“儿童是成人之师”的说法，在生活中总是抓住跟儿童接触与聊天的机会。先生对儿童的喜欢，也呈现了他“向儿童学习”的教育观念。我在学期间，一名同学偶尔带女儿参加我们的沙龙和春游等活动，先生总是在活动过程中跟她女儿攀谈，了解孩子的想法，引导和鼓励孩子理解学习与生活。后来同学女儿到另一座城市学习，跟妈妈讲述自己内心的变化过程，说自己实现了从“要我学”到“我要学”的转变。先生听到非常高兴，以此撰文阐述了心理教育与减负的问题。

二、关注教育问题的理论创新

在德育界关注道德教育理论研究的年轻人，也许如我当初一样对先生并不是非常熟悉，长期关注大德育的研究者，都清楚心理教育与班主任工作研究在先生学术思想中占有相当重的分量。应该说，自 20 世纪 80 年代中期以来，班华先生是中国心理教育领域独树一帜的研究者，是中国班主任工作研究的先导。而这两个研究主题，到目前为止，依然还没有进入德育研究的主流视野。

在追忆其学术人生时，先生说：我很清楚自己做的两个研究都是不受重视的。一个是心理教育。教心理学的人可能认为我是个外行，我又不是学心理专业的，把筷子伸到人家碗里干什么？从事教育研究的人讲，你把自己的田种好就行了，你不要种别人的田。种了人家的田，荒了自己的地，何苦呢？另外一个就是做班主任研究，花的时间比较多，但是吃力不讨好。早些时候，班主任研究论文连学术成果都不算，但我确实花了不少时间和精力。

30 多年来，先生依然坚持关切心理教育与班主任研究，在担任江苏省心理教育专业委员会理事长期间，他以自己的思考与热情推动、参与江苏省心理教育实践和班主任研究工作，卸任后依然每年参加江苏省心理教育专业委员会的年会、班主任工作专业委员会等各种活动，笔耕不辍。先生对心理教育的思考，理论上源于上学时高觉敷先生的心理学课堂和自学的一些心理理论，现实中源于一次事件——“有一次（1985 年），我在校园里看到学校的球场旁张贴着一张关于开除某专业一名学生的布告。这个学生还是学生干部，但是他有个问题被发现了，他在宿舍的箱子里全部都是女孩子的用品。当时学校认为他思想堕落，道德败坏，就开除他了。我觉得学校的处理方式不妥，这孩子家是苏北农村的，他所在乡的干部和群众对他评价都很好，在学校还是学生干部，怎么就思想堕落、道德败坏了呢？其实，他存在心理问题，是一种心理疾病，而不是存在道德问题。在心理学上，有个专业术语叫'恋物癖'。我觉得对他来说，这种处分是不公正的，在当时的社会背景下，思想堕落、道德败坏是非常严重的问题，很可能会改变他一生的命运，这件事让我感到心理教育非常重要”。

这件事先生几次谈到，在他看来，学校的做法不仅体现了学校对学生的处分有失公允，而且说明了学校教育管理观念陈旧并存在一定的误区，误把学生心理问题当作思想道德问题。可见先生对心理教育的关注，并非源于理论逻辑推演与学术潮流推动，而是根植于中国教育中的现实问题。同样，先生对班主任工作的关注，亦是如此。

先生对班主任工作的思考，始于20世纪90年代初期，在他的主持下，南京师范大学教育系于1994年成立了班主任研究中心，至今已近30年。长期以来，虽然班主任是学校教育中非常重要的角色，但班主任工作研究因为偏重于教育实践，其研究成果是不计算在学术成果中的，所以很少有人关注，长期处于被忽视的境地。

当谈及为什么会关注备受理论界冷落的班主任工作时，先生说：“这（班主任）是我们中国教育的特色。为什么说是中国特色呢？当然有人也会讲别的国家也有班主任。我国很多班主任工作研究的理论实际上是引用苏联的。苏联教育家恩·伊·包德列夫写了《班主任》一书。很多苏联教科书中都有班主任这个主题，很多别的国家也有。但是大多数西方国家，没有设立班主任这个岗位。所以，从某种程度上说，设置班主任岗位也是我们中国教育的一个特点。”在他眼里，班主任是中国教育中的现实存在，教育思想者的目光要追寻中国教育现实中的问题，这是教育学人的学术担当。当然，在先生的思考中，这样的学术担当主要出于对教育研究的实践关怀。

他说，“理论要与实践相结合。班主任工作，班级教育起着承上启下的作用。我们要把班主任当作班级教育中的一个细胞或一个基本单位，通过研究这个基本单位来认识整个教育。教育中的所有矛盾都可以在班级教育中体现，包括师生间的矛盾、目标要求与学生现有水平的矛盾，同学间的矛盾、目标要求和采用教育方法的矛盾……涉及教育中可能出现的各种基本矛盾，所以研究班级对理解整个教育还是有好处的”。因此，先生把班主任工作研究当作理解中国教育现实问题的支点，给予特别的重视与关切。正是基于这一观念，先生陆续提出了一系列班主任工作理论，包括“班主任是学生的精神关怀者”“发展性班级教育系统”“班级心理教育理论”等，这些理论至今仍有现实意义。

三、思系中国特色的学术理想

先生不只关注中国教育的现实，他的学术理想是建构中国本土德育理论，这彰显了先生的教育理论、道德教育、心理教育等思考中的国家情怀与学术方向。

早在 1996 年，先生在《对建设我国现代化教育学的几点想法》一文中就谈到了“教育学中国化”的问题。他提出，“我国社会主义现代化建设的实际，要求我们建设自己的，现代化的教育学，具体包括两方面的含义：一是教育学的现代化，使教育学达到现代科学和现代社会发展要求的高度；二是教育学的中国化，即现代的教育学应具有我们中华民族自己的特色”。同时，先生提出，教育学的中国化就是要立足于中国现代化建设的现实情况，立足于中国人口众多的实际情况，立足于中国思想文化的历史与现实，“总结自己的教育实践经验”，既要体现多民族社会主义国家的教育现实，也要重视独生子女问题这一受教育者的现实问题。

在先生的德育研究中，也始终关注中国特色德育理论的成长，2009 年，在长沙举办的中国教育学会德育专业委员会年会上，先生做了“建设中国特色的现代德育学科”的报告，系统梳理了中国改革开放 30 年间德育原理研究的思路变迁，呼吁德育理论界关注中国特色德育原理研究，并以此提升中国德育研究的理论自觉，将中国特色德育理论的内涵归结为“自觉继承，发扬优秀传统道德教育文化”“中国农村社会背景中的道德教育研究”“多民族国家背景中的民族德育的研究”以及“中国特色社会主义德育问题研究”四个不可忽视而在当时却重视不足的方面。2013 年，先生在《德育目标应有的要求：民族精神与世界精神的统一》一文中，重申了我们德育目标中对传统美德与民族精神的一贯主张。

2010 年，在《对心理—道德教育的探索——兼论中国自己的心理教育之道》中，先生提出“心理—道德教育”是中国文化与教育实践土地上形成的新的心理教育形态，它区别于价值中立的心理教育和现实中局限于心理咨询室和心理诊所中以矫治为目的的消极心理教育。2016 年，先生进一步提出了“整体整合型心理教育”，将心理教育的现实实施领域扩展到校内外各种教育活动之中。

1991 年和 2001 年，先生发表《心育刍议》和《心育再议》，阐明了心理教育的概念及其与五育（德、智、体、美、劳）的关系，将中国大德育视野下的心理教育研究推向新的高潮。2007 年，先生提出了他的心理教育宗旨：优化心理机能，提升精神品质，促进人格和谐，服务人生幸福。他所讲的心理教育，是积极的、发展性的心理教育，完全不同于西方立足于病态心理矫治的心理咨询，在他看来，那只是一种“消极的心理教育”。他也不赞同把心理教育等同于心理学知识的传递。先生强调，心理教育是整体教育中的一个层次，与道德教育、智育、体育、美育并不是相并列的关系，即在道德教育、智育、体育、美育中都涉及心理教育，健康心理素质的养成是上述各育的一个基础性层次，只有在健康优良的心理素质基础上，学生其他各方面的素质才能得到更好的发展。

先生所提的积极的心理教育并不是积极心理学主张的教育，而是以促进学生优良心理素质发展为目的的教育的总称。近些年，西方积极心理学的理念传入国内，对中国的教育理论与实践产生了一些影响，但先生强调，积极的心理教育不是积极心理学产生以后才提出的想法，更不是积极心理学框架下的教育观念，而是跟消极、矫治性的心理教育相对应的心理教育形态。

先生将中国教育实践作为思想源头之一，把教育现实问题作为自己思考的重要命题建构自己的研究领域，将形成中国特色的教（德）育理论作为自己的学术理想，但他对教育的思考，从来不停留于文章与著作，而是深入教育实践。先生的学、思、行融为一体，相互滋养，为人、为学、为师互为表里，在学界树立了扎根教育泥土，思系中国特色的学术风范。

大先生　大心育

孙彩平　（南京师范大学道德教育研究所）

班华先生永远离开我们了，再读先生的文章，字里行间流淌的对国家、民族的大爱，条分缕析、引经据典的论证，拨云见雾、娓娓道来的概念分析，变得更加亲切，一如当面听先生聊天般温暖澄明。30 多年来，先生满怀民族文化之情，筚路蓝缕，深耕不辍，开创了中国式心育思想之田，探索了中国特色的心育之道。《心育再议》(以下简称《再议》）一文是先生心育论思想的重要代表作，承接的是 1991 年先生第一篇专门讨论心育的文章《心育刍议》（以下简称《刍议》），进一步阐述了他对心育的理解，澄清了他所开辟的心育论立场。“初闻不识曲中意”，再读之时，“大先生”三个字在眼前浮现，崇高的敬意自内心升腾。

一、问题立场的心育

回顾中国教育的学术历程，20 世纪 80 年代末 90 年代初，正是素质教育滥觞之际。先生对心育的思考源于对学生个性发展的关注，是对当时已经被大家关注到的兴趣、意志等问题的深入，更是源于教育实践中混淆心理问题与道德问题的不当做法给学生成长带来的严重后果。如果说素质教育和学生的个性发展是激发先生心育论思想诞生的思想背景，那么学校生活现实问题则是先生开辟心育论思想的实践指向。

在《刍议》一文中，先生开篇即明确，心育的目的是“培养受教育者良好心理素质，提高心理机能，充分发挥心理潜能，进而促进整体素质的提高和个性发展”。这一定义式的说明，显然是在当时素质教育的思维框架内进行的。接下来，先生将“通常所说的兴趣教育、能力教育、情感教育、意志锻炼、性格培养等”都纳入了心育论范畴，将它们作为“心理教育的重要组成部分”，则给这些散落的教育议题提供了一个更为切近的理论范畴，这是心育论在理论框架上的突破。

先生后来结合自己所倡导的“心理—道德教育”形态，进一步将心育目的凝练为“优化心理机能，提升精神品质，促进人格和谐，服务人生幸福”24个字，使心育论视野最终超越中性的心理机能培养，实现与人格、人生和人的整个精神世界培育的融合。这一理论气象，与他在《再议》一文中分析的学校心理学、心理学教育、教育心理完全不同，甚至超出他在《刍议》中赞同的王国维的心育概念。因为王国维的心育是与身体相并列的，是包括智、德、美等育在一起的精神能力培育，而先生一再强调体育中也包含心理机能，也同样指向健全人格的养成，因而先生的心育范畴更大，是融合在所有教育活动环节中的。相较于聚焦学校心理辅导和咨询的学校心理学思路、心理学知识与理论体系的心理学教育思路，先生所提心育是丰盈的，是基于心理机能而朝向健全人格养成和人的精神世界的，是不折不扣的大心育，而这些问题正是当下偏重健康与矫治技术的心理教育需要突破的问题。

同时，先生的心育思想也是受到亲身经历的教育事件的影响，由此他一方面深感学生心理品质健全发展的重要性，另一方面也更加觉得需要通过理论研究来说清楚“心理问题”“思想道德问题”两者的区别。面向学生的心理成长和学校教育中的实践问题，是先生心育论思想的现实问题立场。

二、教育立场的心育

对心育研究的学术立场，先生有着明显的教育学科自觉和开放的态度。对不同的学术视角下的心育，他一向是尊重并认真学习的；同时也非常明确地坚持自己的发展性、积极的心育主张。《再议》一文中他明确说，“对心育的研究，可以有也应当有多种学科的视角，有心理学的视角，也有教育学的、文化学的视角”。而且不同的视角会产生不同的心育观念，包括对心育意义和价值的理解也会完全不一样，当然由此会形成不同的包括思想框架、方法及路径的不同体系。对与自己完全不同路向的心育，先生完全尊重并承认其价值，但同时也明确自己所提倡的心育是在“教育学科范畴”视野中的，其主要和直接的意义是“育”心，是发展性的积极的心育。这里的发展性是相对临床性、矫治性而言的，也是从教育的根本立场出发的。教育的目的是促进学生心理机能的全面成长和人格和谐，因而先生的心育的定位是成长和发展，健康只构成其出发点或底线。立足成长的心育有更高的追求，就是让每个学生的心理潜能得到最大限度的提升。

与此目的相对应，先生强调的发展性心育在内容上具有“非预定性、非学术性、非结构性、非结论性”的特征，这是与体系化的心理学知识学习完全不同的内容要求。心理学知识作为科学领域的公认成果，是由一个逻辑化的知识体系构成的，有着确定的结论、严密的内在知识体系或结构，理解和接受这些确定的知识是心理学教育的核心任务。而心育则不同，它“以学生的实际需要作为重要依据确定心理教育内容，因而要考虑内容的问题性、针对性而不太注重它的预定性、学术性，也并不要求严密的逻辑和系统，在内容的深度上，也不要求那么高”。从学习活动的形式上看，知识学习或知识传授虽然是其中的一部分，但并不是最为关键的部分，“在课程类型和教育方法方面，心理教育更注重活动性课程，多采用活动训练、陶冶的方法”。

先生对心育的教育学科立场的坚持，也体现在《刍议》《再议》中，这两篇文章都非常重视心育与其他各育间的关系的阐明，这很好地说明了先生是在教育的整个框架内对心育展开思考。同时，先生对这一问题的讨论，为如何在现有教育框架中落实心育提供了明确而直接的意见。先生认识到心育具有独特的重要意义，但他并不认为心育是独立在其他各育之外的一种教育形态，也不坚持一定要把心育当作单独的一门课程来实施。在《刍议》一文中先生明确："心育与各育是相互交叉的。心育可以渗透到各育之中，各育可根据各自特点完成部分心育任务，但是不能完全代替心育，因为心育有自己独立的任务、内容、方法。"在《再议》中，先生再次深入分析了心育与德育的关系，并把心育与德育融合为一体的教育命名为"心理—道德教育"，认为实现了心理教育与道德教育相结合，甚至和美育结合的教育活动，"才是更完整的心灵教育，才更符合人的整体性、教育的整体性思想，才能更好地提高人的精神境界，才能更有效地形成完整的人格，达于真善美的统一"。

三、民族立场的心育

探索中国特色的教育理论，是新中国几代教育学人的共同努力，也是今天我们讨论中国式现代化的重要内涵。早在 1996 年，先生就提出过教育学的中国化问题，2009 年，作为新中国第一本《德育原理》教材的重要参与者，先生再次提出"建设中国特色的德育学科"的问题，2013 年，针对德育目标问题，他再次呼吁民族精神与世界精神的统一。

在《刍议》一文中，在关注心理素质培养的问题之初，先生就有强烈的国家意识。对于培养年轻一代心理素质的意义，他说"我们民族的新一代，若没有良好的心理素质和强健的身体，就不能适应现代社会的发展和时代的进步，就没有力量，就不可能屹立于世界民族之林"。言辞恳切而真挚，今天读来依然让人心潮起伏，为国育人、为民族复兴而思虑深远的大先生形象矗立眼前，坚定而慈祥。

在《再议》一文中，先生将他的心育思想明确为"探索中国特色的心理教育之道"。在汹涌的西方话语浪潮中，先生提醒大家"我们要学习外国的，同时我们更应当努力探索中国自己的心理教育之道”。如今看来，这些话可谓语重心长。在先生看来，中国有自己的文化传统和社会发展现实，中国人有自己的文化心理特征和教育体系，他坚定地认为“只有适合中国自己的心理教育之道，才可能在中国的土地上生根、开花、结果”。正是满怀着对中国教育问题的关怀之情，先生高屋建瓴地提出中国特色的心理教育之道的探索方向：以为我所用的方式学习和借鉴西方；认真研究本土的心理教育思想；总结研究中国的教育实践。先生不止一次谈到中国教育有自己的特殊问题：其一，班级心理是中国教育需要深入研究的问题。尽管班级这一教育现象并不开始于中国，但因为学生人数众多，目前我国仍普遍实施班级授课制，因而班级作为一个基本的学校生活单位在学生成长中起着非常重要的作用，班级心理是班级文化和班集体建设的重要基础。其二，班级心理是中国农村学生的心理问题。农村学生目前依然是构成中国受教育者相当大比例的一个群体，中国社会的快速发展，使农村学生面临诸多新的困难，如留守儿童的心理问题、乡镇寄宿制学校寄宿生的心理问题等。其三，班级心理是民族心理问题。中国是一个统一的多民族国家，多元的民族文化构成中华民族五彩斑斓的美丽画卷，如何尊重各民族的文化传统和文化心理，在民族教育中融入心理教育，使各民族儿童在具有自尊自信的民族文化的同时自觉自愿地融入中华民族大家庭，是一个涉及民族团结和国家文化心理建设的重大问题。先生的上述想法，如今已经通过所著书籍、所写文章、所编教材，促进无数年轻学者不断思考，改变了千百所学校的心育面貌，滋养了亿万青少年的心理成长。

班华先生的班主任研究之路

——与著名德育研究专家班华对话

张聪 （东北师范大学教育学部）

班华，1935 年 8 月生，安徽巢湖人，南京师范大学教育科学学院资深教授、博士生导师；1993 年获国务院政府特殊津贴；曾任国务院学位委员会教育学学科组成员、国家基础教育实验中心学术委员会委员、中国教育学会教育学分会副理事长、中国教育学会德育学术委员会主任委员等；研究方向为德育原理、教育基本理论等。他在国内率先论述德育“隐性课程”，提出“心育”以及德育与心育相结合的思想，为我国道德教育体系建构做出了重要贡献。他曾出版《发展性班级教育系统》《高中班主任》《享受和班主任朋友共同成长的快乐——班华班主任原理文集》等著作 18 部，发表学术论文上百篇，曾获省部级奖 11 次。

作为我国班主任研究领域的著名学者，班华先生为何从事班主任研究？他在班主任研究领域中有哪些新思考、新期待？我们特地于 2018 年 10 月 14 日前往班华先生的家中，问学于他。

张聪：班老师您好！很荣幸能有这样一个机会，与您交流有关中小学班主任研究的问题。您是我国班主任研究领域的专家，贡献突出，很多思想对新时代的班主任研究仍然产生着十分重要的影响。其实，早在1992年您就在《中学教育学》一书中提出，“班主任对学生的精神关怀是师生双向情感交流的过程，也是班主任的情感生活”。那么，您如何看待班主任的“情感生活”？

班华：班主任的情感生活是建立在日常工作基础之上的。班主任只有将感情更多地投入到班级生活之中，学生才会和班主任产生真正的情感。例如，四川泸州的郭家琴老师，毕业多年的学生返回母校、看望郭老师时，都会说“老师，我好想你”。如果师生之间的情感交流在毕业后多年还依然保持着，那么这样的班主任是多么受学生欢迎。而对于班主任来讲，核心任务则是精神关怀。这种精神关怀有利于促进师生关系融洽，促进师生之间互相学习、交流。班主任要做学生发展的重要他者，助力学生的成长和发展。只有这样，才能做好班务管理、思想教育等日常工作。

张聪：的确如此，这种情感生活的构建对于学生成长、班级建设以及班主任专业发展都有重要功能。您在26年前就鲜明地提出了情感生活的重要价值，确实不易。中国班集体研究专家唐云增老师也曾谈到“中国的班集体建设，其中有几个班：班主任、班级生活等，还有一个就是班华老师”。唐先生认为，您对于中国班集体建设的研究做出了杰出贡献。10年来，您所主持的“随园夜话”已经对中小学班主任群体产生了极为深刻的影响。我之前查阅了一些资料，您在“九五”期间就曾主持教育部的重点课题“中小学班主任与学生素质发展的研究”。那么，您最初是从什么时候开始关注班主任这一群体的？

班华：说到这一问题，就得从我个人的成长经历说起了。我是在1956年考入南京师范学院教育系的，当时就已经明确了对班主任的研究。其实，在考南京师范学院以前，我读的是中等师范学校（南京师范学校），就已经产生了对班主任群体的关注。如果时间再追溯早一点的话，我在读初中时就萌发了这个想法。当时，因为家离学校比较远，我就带饭到学校，中午就在学校吃饭。当时的班主任就比我们大几岁，非常关心学生的饮食等生活细节。那时，吃完午饭以后没事干，还没上课，我就到文化馆看报纸。有一次，报纸上有一首诗歌深深地吸引了我，名字叫作《我愿永远做一名人民教师》。看了这首诗歌，我觉得做教师真好，做班主任更好，自此之后我就立志要成为教师、班主任。

有这个想法后，我就于 1953 年报考了南京师范学校。当我第一次走进师范学校校园时，感觉学校的文化氛围非常好，老师接待新生也非常友好。融洽的师生关系给我留下了十分深刻的印象。直到现在，我还清晰地记得这个师范学校的黑板报上写的宣传话语：做人民教师光荣！在那个年代，特别宣传两个老师——一个是清水堂旁边的小学老师，还有一个就是苏联电影《乡村女教师》中的女教师瓦尔瓦拉。她们都是一辈子就在农村小学教书。后来我就有个想法，我也要做乡村小学老师，而且要像她们那样坚持下去。但是等到大学毕业的时候，学校却并不把我们分配到小学做教师，原因是当时最缺中学教师，小学教师并不缺。因此，在我们毕业的那一年，有一部分学生被叫去培训，准备将来做中学教师。当时高师院校生源很少，所以我们就必须响应国家号召，做中学教师。后来又有了升学的打算，而我对教师、班主任很感兴趣，所以就在第一志愿里填报了南京师范学院的教育系。

张聪：报考南师教育系正是为了更好地做教师、研究教师，是这样吗？

班华：是的。我热衷于教育事业，对教育有自己的想法，很喜欢做老师。

张聪：那么您为什么不选中文系？

班华：因为教育系跟“教”的关系更加密切，在正规师范学校要学习教育学和心理学。我自己愿意做教师，所以第一志愿是教育系，第二志愿是幼儿教师。因为在当时来讲，教育系和幼儿教师是分开的。而第三志愿是政治教育系。可以说，我当时报考的每个专业都与“教”有关。我特别希望做一个好的教师，经过一番努力，我最终被录取到教育系，当时我非常高兴。

我这个人在政治上是要求进步的，在上中学时我就曾提出入党要求，当时在中学发展成为党员的比较少。上大学后，我继续要求进步，进到南京师范学院第一件事就是再写入党申请报告。我要求政治进步，认真学习，后来就留在南京师范学院任教了。从当时的情况来看，学校不主张教师队伍再留人，因为人数差不多了。后来我们学校就把我留在了教务处，学校就以这个名义把我留下来了，但我做的实际工作是协助老教师进行课后辅导。所以，课是教师上，辅导可以有讲师和助教。很快，学校叫我上课了，上的第一门课就是公共课的教育学。凡是师范专业的学生都要学教育学和心理学，特别是教育学，几乎每个系都要学。当时，我们教研组有一部分老师是教教育学相关课程的，有一部分不是，而我也有幸成为教育学课程的授课教师。在那个年代，学生最关心的是自己的专业课。不是教育学专业的学生不是很关心教育学课程（公共必修课）的。但是有两项内容学生挺关心的，就是怎么做好教学还有班主任工作。虽然是学语文或者是学数学的，但是大家很有可能会被分配当班主任，所以教学工作和班主任工作是学生最为关心的。

当时，作为教研组的一位老师，我就跟教研组主任提了一个意见——能不能成立一个“班主任研究中心”？后来，等到 1994 年通过组织同意、领导批准，我们就成立了“班主任研究中心”。一开始是自己教研组的老师参加，后来就扩大了范围。研究中心的第一任主任是高谦民老师，高老师十分认真、负责。后来，高老师做了总支部书记，他说：“班老师，你看，你来做中心主任怎么样？”我说：“虽然你做总支部书记事情很重要，但是你做这个中心主任不用花很多时间，你就兼管研究中心。好处是你作为总支部书记兼管研究中心，提高了研究中心的地位。”其实，不是我不想做这个主任，而是必须要找一个人来推进工作，所以后来换成了齐学红老师。齐学红老师做得很好，最具代表性的就是开展班主任沙龙。后来，她就命名为“随园夜话”，我觉得也很好。从开始到现在搞沙龙活动有 10 年了，前后一共有 83 期。除了齐学红老师外，还有好几位老师也参与其中，尤其是外国语学院的李贺林。他虽然人不在南京，但每次都很关心沙龙活动，而且还写一些文章，提升了班主任研究的理论水平。我是从事教育研究的，所以我在思考，沙龙里有很多老师来自实践中的优点都是我应该学习的。我们相互交流，共同提高，这样一直将“班主任研究中心”发展到现在。

张聪：“班主任研究中心”成立一直到现在，“随园夜话”也有 83 期了。在您看来，班主任和教师的差别在哪儿？班主任有什么特殊性？我们常说班主任很重要，班主任究竟是一个什么样的群体？

班华：班主任是教师之一，但班主任和语文老师、数学老师不同的就是组织教育、班级管理工作。组织教育、管理班级是班主任的主要任务。班主任是一个特殊的群体。为什么要把班主任作为特殊群体来看呢？对于一般教师而言，教育好学生是他的天职。但对于班主任而言，则需要全身心地教育学生，这是班主任与其他教师的主要区别。哪个老师不想好好教育学生？语文老师通过语文教学要让学生了解语言的发展，了解文化历史，给予学生这方面的教育；教物理的老师要通过物理教学引导学生学会用唯物辩证的思维来认识物理世界，确立辩证唯物主义世界观。每一门课都有各自的教学任务，这是每个学科教师的职责。班主任负责学生的学习，所有学科的老师都应该承担这样的教学工作。就像数学课，也可以体现道德教育。但有人说，数学老师就不需要进行道德教育——这个观点是错的！对于数学老师来说，要教学生回答这样的问题：数学对人民有什么好处？我们应该怎么样对待数学的学习？怎样学习数学？因为数学学科涵盖很多思想教育的内容，从小学数学就可以开始培养学生的数学思想。比如，过去老百姓的生活水平、消费水平如何？多少年以后消费水平如何？经过社会发展，大家生活水平提高了，那我们可以算算提高了多少？这些都是典型的数学应用题。在数学课堂教学过程中，很多教育问题也蕴含其中，包括爱国主义教育方面的问题，在数学课上我们都可以实现。

张聪：如您所言，班主任本身与数学教师、物理教师一样，都是教师，而不是一个特殊的职业。班主任的特殊性体现在日常工作之中。那么，这是不是班主任专业化的一种表现？

班华：每一个职业都可以有专业化，班主任也应该有班主任的专业化。

但这种专业化一定要有一个过程，我把它概括为“提出—疑虑—认可—深化”四个阶段。从 2002 年首都师范大学王海燕老师提出“班主任专业化”的设想以来，经过大家的质疑、讨论，大家一致认可这一设想。2003 年，《人民教育》开设专栏“班主任专业化”来集中讨论班主任专业化的问题。班主任专业化的理论与思想仍在进一步深化之中。

张聪：谢谢您的总结。您提出过“发展性班级教育系统”，这个系统是如何建构的？主要特征是什么？

班华：对于发展性的班级教育系统，我是用系统性的思维来看待班级教育问题，形成了我课题研究的一本书，叫作《发展性班级教育系统》。为什么叫这个名字呢？这是因为要突出强调教育要实现人的发展。学生的发展不是靠死记硬背实现的，而是一种全方位的发展。发展不仅仅是发展某一方面，而是要发展全面的东西，体智德美都应该得到发展。对于每个学生都应该是这样。我的这本书实际上是大家参编的，参加我的这个大课题。我主持的这个课题很大，大到什么程度呢？全国有大多数学校参加，包含边远地区，当然南方有更多学校参与。班级是一个教育系统，系统本身应该有些分支的系统。那么我们在分解系统的时候，教育者、受教育者要分开，内部还应有更多的分支要素。

张聪：对于班主任而言，在建构发展性班级教育系统的过程中，什么是班主任专业化过程中最为重要的因素？还有哪些问题没有得到应有的重视？

班华：怎么做好班主任？到底什么是关键？我觉得有一个问题没太引起重视。班主任技能大赛搞得火热，也有很多评委来评价。我觉得这不是关键。技能不是班主任专业化的决定性因素，决定性的要素是他的理念。怎么组织好班会？这里有各种各样的办法，关键是真心爱孩子、爱自身的教育工作，明确知道班主任工作的价值、意义。很多班主任没有系统学习过这方面的知识，他这个技能自己就更新了。有一位老师没有学习过多少班主任技能，但是因为她对孩子的爱而想出不同的办法，这个就是她自己创造的，通过学习教育理论来帮助她做好这项工作。但是具体要怎么做，她自己可以考虑。我们对学生的教育有一个原则：以积极鼓励为主，批评、体罚则是次要的。那我们就知道怎样跟学生谈话、跟学生谈话到底注意什么；学生有优点是否要积极鼓励；等等。这些绝对不是什么技能问题。老师跟学生谈话，学生来了，老师给学生一杯茶并请他坐下来。本来学生在见老师之前会想老师批评我等问题，但教师这样做，师生的关系就融洽了。即使是老师批评，学生也会觉得老师是为我好，这个是关键因素。以前说老师不敢批评学生，后来有些文章却专门提到老师有权批评学生。其实这个就是原来的错误。有的学生犯错误找班主任问罪，但是不一定要班主任负责。总之，关键是要有一个理念、一个好的情感态度，这是做好班主任的根本。不一定非要办技能大赛，你可以用这个技能，我也可以用这个技能，关键不是技术方法层面的东西，应该是理念层面的。

张聪：的确如此，对于班主任来说，理念很重要。确立了科学的教育理念，班主任的育人过程也就更加科学了。1980年，您在《教育研究》上发表了《思想品德教育过程》一文，您提出“以道德知识、道德情感、道德意志和道德行为相互作用，来共同促进人的德性成长”的观点。您认为这些要素在当前新的时代背景下应如何去做？怎么更好地实施？或者是有什么问题？

班华：这个方面的基本东西应该还是不变的，在各种各样的情况下我们都可以学习知识。我觉得育人的关键是班主任自己要愿意学习，做个自觉的教育者同时还要做个自觉的学习者。自觉的教育者就是对教育本质和规律有所认识，采取教育的行为来指导思想。我们刚才讲，对学生要以积极鼓励为主，一旦班主任知道了这个道理，班主任就要积极鼓励学生，注意发扬他们的优点，使他们有自觉性，不是盲目地跟着别的老师去做、去学习别人。自觉的学习者有明确要求，懂得学习是为了什么。学习是为了价值，对社会和个人成长有价值。另外学生要懂得该怎么学习。比如，目前来讲的“学习”——怎么用各种途径来学习？像现在教育改革中有一个说法，叫“游学”，我觉得这是很好的学习形式。但是这也是一种“教育病”的表现，有的人拿它来赚钱。“游学”本身是对的，实际上就是一种学习的形式。作为自觉学习者，什么都可以学习。比如小区中有一些标语是很好的，有些语气是很好的，赋予了对自然生命的尊重，不同的语气表现了不同的感情。时时处处都是可以学习的，都可以作为教育资源的，要会理解和应用。

访谈手记：每一位从事中国班主任研究的学者，都会理性地认识到班华先生所做出的杰出贡献。中国教育学会班主任专业委员会荣誉委员唐云增先生曾说：班华是中国班主任研究的“五个班”之一。其实，在众多中小学班主任眼中，班华先生所从事的班主任理论研究始终没有离开中小学班主任工作实践，而班先生的作品之所以始终受到大家的青睐，是因为文字间流淌着鲜活的生命力。在访谈过程中，来自四川、内蒙古自治区等地的中小学班主任前来班先生家中探望。大家的亲切交流也为我们的对话增添了浓厚的情感。班先生对老师们亲切的眼神、关怀的话语，很难让人想到这是一位已经 80 多岁的长者。在班先生家的客厅中，秋日的阳光照射在班先生面庞，让他看上去是那样温暖、祥和，我们也共同期待着班先生对新时代中国班主任研究的进一步引领。

怀念“大先生”

吴青 （《江苏教育》编辑部）

2022 年 11 月 27 日，是周日。和每一个稀松平常的周末一样，那天我醒来后习惯性地拿起手机，看是否有需要回复的信息。突然，我的眼睛瞥到“苏派教育名家工作组——班华”微信群里有新的消息，打开一看，7 个字让我的情绪在一瞬间崩溃——“班老师今晨走了”。这是南京师范大学孙彩平教授发在群里的，她是班老师的学生，江苏教育报刊总社于 2022 年 7 月开始着手开展班华教授的口述史研究，我则是小组成员之一。随后，我陆陆续续收到一些老师的消息，无一例外，他们的话里话外都表达了一种“难以置信”的情绪。是的，哪怕一个小时过去了，我依然难以接受这个事实。躺在床上，我回忆起和这位老人相处的点点滴滴，“大先生”这个词突然就出现在脑海里。2021 年 4 月 19 日，习近平总书记在清华大学考察时强调：教师要成为大先生，做学生为学、为事、为人的示范，促进学生成长为全面发展的人。虽然我未曾坐在班华老师的课堂上听他上过一节课，但在近 10 年的时间里，我接受过他无数次的“言传身教”。事实上，长久以来，班华老师都是在用他的全部人格与他“遭遇”的每一个人交往，从事着教育这项既平凡又伟大的事业——他已然是新时代的一位“大先生”了。

一、为学以真

“为学”是成为一名合格教师的基础。《师说》有言：师者，所以传道授业解惑也。但是，如果教师自身的学识不到位，如何去传道？去授业？遑论解惑了。因此，作为一名教师，“为学”应是最基本的要求。欲为人师，首先要把相关的知识技能学扎实、学透彻，进而在面对学生的时候才能做到游刃有余。教师若寡闻少见，学生必然无法学有所成。

自 2013 年 10 月与班华老师在南京师范大学初相识，我便对“自觉的教育者”这 6 个字有了深刻的印象，以至于到了现在，只要看到“自觉”二字，我都会想到这位老人。长期关注心育与德育的研究者或者一线教师，应该都非常清楚班华老师在心理教育与班级教育学研究方面的重要地位。从 1989 年 7 月为山东省教师培训讲课时关注“心育”这个话题开始，他对心理教育的探索便没有停止过，或是发表相关文章，或是做相关主题讲座，或是参与相关主题沙龙。他以“自觉学习者”的姿态告诉我们：每个人都需要、都应该、都可以实施心理教育；心育大有作为。

除了“心育”这个领域外，班老师也对班级教育与班主任工作进行了自觉研究。正是因为对班级教育与班主任研究的重视，他陆续提出了“发展性班级教育系统”“班主任是学生的精神关怀者”“班级心理教育”等方面的教育思想理论。《江苏教育》班主任刊期创刊时，班老师曾撰写了题为《享受做自觉教育者的幸福》的卷首文章，其中谈道：做好中国教育，不能不关心班主任队伍建设。班主任自身需要不断学习做一名自觉教育者，即理解教育本质和规律、懂得学生身心发展特点、掌握班级教育原理。他是这么说的，也是这么做的。攻读硕士学位期间，因导师齐学红的缘故，我得以深度参与“随园夜话”班主任沙龙这项活动，也因此与班华老师有了无数次的“邂逅”。不管是学生时代负责会务工作还是走上社会后，由于工作需要继续参与“随园夜话”沙龙活动，不管是冬天寒冷的夜晚还是夏季炎热的午后，我总是能看到班老师活跃在活动现场的身影。他主动向参加活动的一线班主任学习，了解班级学生的各种问题，并提出有效的对策。虽然未曾观摩过他的课堂，不知道他的学生是否为他扎实的学识所折服，但我确切地知道，他深厚的理论素养和较高的专业水平赢得了无数一线教师的尊重和信任。

二、为事以恒

为了完成班老师的口述史研究，我们先后 3 次去他的家里访谈。每次进门时，他总是体贴地为我们递来一次性鞋套；穿上鞋套后，他立马招呼我们，然后去厨房为我们准备擦手的毛巾以及茶水。考虑他年事已高，走路不太利索，我们一向是拒绝他的这些盛情款待的。但是，班老师就是这样的一位“固执己见”的老人，从不会因为我们的婉拒就停止他的友善行为。其实，他不仅对待我们如此，对待任何人都是如此，无关对方的身份、地位、学识等。他这样做，只是觉得应该这样做，这也可以说是他的做事风格。

2018 年，我接到时任江苏教育报刊总社社长孙其华的消息，需要陪同班老师去一趟成都。原来，成都市的李其玉校长邀请他前去讲学，怕他行动不便，他的学生（孙其华）便安排我一同前往。事实上，在班老师答应前往成都后，对方一直跟他对接，表示可以安排人全程接送他的，但是班老师拒绝了——他不想给别人添麻烦。而接受我的陪同，完全是因为他拗不过学生孙其华的好意。一路上，我谨记自己此次成都之行的职责与任务，主动帮他提包、拎行李，可就连这样的举动也被他制止了。他说：“小吴，你是跟着我一起去学习的，不需要替我做任何事情。我自己可以的。”我明白他的意思，知道如果自己再给予他过多的关心，便是对他的不尊重，于是除了上下楼梯、登机时搀扶他外，其他时候我都是默默跟在他身后。由于返程机票买得比较迟，到南京禄口机场时已经是下午四五点了，于是我便让先生来接我们。当上了车才知道司机是我先生时，班老师略有些生气，认为自己给他人添了麻烦。我一再强调没有关系，可他对此还是耿耿于怀。把他送到家后，他坚持要请我们吃晚饭，我们为这事“争执”了很久。最后，我们取得了胜利。他站在单元门的楼梯上，非要目送我们离开才肯上楼，这一次，我们乖乖地听了他的话。

《南村辍耕录》中有语：“一事精致，便能动人，亦其专心致志而然。”班老师的这些言语虽然很朴实，但一滴水可以折射出整个太阳的光辉，一件小事可以看出一个人的内心世界。他不知道的是，这么多年来，他始终以这些平凡的举动，温暖着周围的所有人。

三、为人以德

陶行知先生说：“捧着一颗心来，不带半根草去。”这句话强调了教师的无私奉献精神。无私奉献是一种美德，是一种不求回报的高尚品质。而这种美德在班老师身上体现得淋漓尽致。

2021年春节，我带着先生和女儿一起去拜访他。那时，他的状态已经比前几年要差一些了，尤其是记忆力方面。进门后，熟悉的几个动作递鞋套、洗杯子、送毛巾、端茶水让我们倍感亲切。我们聊天的时候，电话响了，班老师起身去沙发那边接听电话。挂了电话后，我问他是什么事情，他说有老师即将出版新书，想请他作序。我问他答应没有，他说他答应了，因为青年教师要想实现专业发展不容易，优秀青年教师的教育思想与实践理应得到推广。

是啊，除了为一线教师的著作作序外，班老师为青年教师提供的帮助不计其数。可是，无一例外地，他从不主动谈回报——甚至有时候拒绝他人给予他的报酬。那年去成都，80多岁的班老师站着做讲座，一个多小时里连一口水都没有喝。我能感受他对中国基础教育的关注以及对一线教师的关心，他自己也乐在其中。会后，活动主办方将讲课费递到班老师的手上，感谢他接受邀请参加这次活动。这时，只见一向和蔼可亲的班老师皱着眉头，语气里不无愠怒：“我是来学习的，感谢你们为我提供了这么好的学习机会。再说，李其玉校长是我的好朋友，应朋友之约，怎能收费？”虽然对方又和班老师沟通了很久，希望他接受他应得的这笔费用，但他最终还是拒绝了。那一刻，我被班老师这种淡泊名利的道德品质深深折服。班老师逝世那天上午，李其玉校长发来消息，询问我此事是否属实，在得知班老师确实过世后，她说了这样一句话：“世上再难有这样纯粹高尚的前辈引领我们向前了。”是啊，在我们的一生中，能引领我们走向前方的师者可能不少，但是像班老师这样“一生只为一事来”的纯粹之人却不多见。他以高尚的道德情操和独特的人格魅力感染着我们所有人，指引我们朝着正确的方向前行。

云山苍苍，江水泱泱；先生之风，山高水长。

校长追思

缅怀班华老师

李镇西 （成都市武侯实验中学）

刚刚得知敬爱的班华教授因病去世，享年87岁。不胜哀伤！可能许多一线老师对“班华”这个名字不太熟悉，他是我国德育界的泰斗。我在上个世纪90年代认识了先生，一直敬仰其高尚的人格和深邃的思想。班华先生对我一直非常关心，多年来给予我许多帮助和引领。当年我出版《做最好的班主任》时，先生欣然作序。这里，我重新推出2011年去看望他后写的一篇文章，表达我对班华老师深深的怀念和永远的敬意！（非常遗憾的是，我这是在外地的路途上临时翻出旧文章编进公号，无法找到我和班老师的合影）

一

我认识班华教授已经有很多年了，但彼此见面深谈的机会并不多。去过多次南京，每次我都来去匆匆，没有时间去看望班老师。毫不夸张地说，班老师在我心中一直是一尊神，令我敬仰不已。这次在南京刚好有半天空闲时间，我决定去看望班华老师。

那天下着雨，我打车来到班华老师居住的小区大门前。面对一大片楼，我有些眼花缭乱，我撑着伞问门卫师傅："请问17号楼怎么走？"师傅很有礼貌地指了指里面："往前走，然后左转，就到了。"说完，他又问了一句："17号楼多少号房间？"我说："701。"他马上变得格外热情："是找班老师吧？我带你去！"他走到了我前面，一直带我走到17号楼的一个单元门前，指着开门按键说："就是这里，你按701，再按一个'#'，就行了。"我很感动，心想连一个门卫师傅都那么尊敬班老师！

门卫师傅也许不知道班华是当今中国最著名的教授之一，是中国教育学会德育专业委员会主任，是南京师范大学博士生导师，但他却知道班华是一位善良的老人。我知道我是沾了班老师的光——门卫师傅是把对班老师的尊敬转移到我身上了。

二

见到班老师，他依然那么儒雅，慈祥，淡泊。我说你看起来气色很好，然后询问他身体怎样，他说身体没什么大问题。一通寒暄之后，话题很快切入我们都关心的教育，特别是德育。

说起这个话题，班老师忍不住叹息："现在的教育，只注重分数、成绩，忽略了对学生进行如何做人的教育。"

我很有同感："分数再高，能力再强，不会做人，有什么用？药家鑫的音乐才能不高吗？最后却残忍杀人；赴日本留学的中国学生的成绩不好吗？最后却用刀子捅自己的母亲！"

班老师说："药家鑫和那个留日学生只是两个极端的例子，还有更多的孩子虽然没有杀人，但冷漠自私，缺乏责任感，没有修养。"

我对班老师说："我现在越来越觉得，教育是做什么的了！说朴素一点，其实教育就是教会学生爱——懂得爱，并传递爱。"

班老师说："对的，是这样的。"

我说："现在学校其实很重视德育，但是现在的德育往往成了知识教育，而不注重学生良好习惯的养成，说和做互相分离。还有一些教育，只图形式的新奇，不管实际效果。比如，为了对学生进行感恩教育，就叫孩子一个星期都把书包背在前胸，体验母亲怀孕的感觉；还有叫孩子回家给妈妈洗脚。我不是认为这样的教育不好，而是认为不要夸大这种教育的效果。一个星期装孕妇，孩子觉得有趣，当游戏了；偶尔一次为妈妈洗脚能有多大的效果？孩子可能天天都给妈妈洗脚吗？真正有效的教育，应该是引导孩子在平时点点滴滴的相处中体验父母的爱，周围人对自己的爱，并学会报答。"

我说："最有效的德育，是教育者本人言行一致，自己怎么对学生说的，就应该怎样去做。不能对学生说一套，自己在行动上又是一套。而现在的德育往往正是这样的。"我举了两个例子，一个是很多教育学生要有礼貌的老师，面对学生的问好却很冷漠，甚至理都不理！还有一个例子就是，一些学校的升旗仪式上，学生站得很端正，老师却站得稀稀拉拉。而这些老师到了教室里却可以庄严地给学生进行爱国主义教育！我说："最好的教育，莫过于感染。教师的行为是最好的教育。"

班老师深有同感，他说："是呀，孩子都看着我们呢！"

三

我听任小艾老师说过，几年前班老师曾经出过一次车祸，但班老师对肇事者非常宽厚。我问班老师这事具体是怎样的。班老师说："2006 年 12 月 的一天，我在人行道上走，结果一辆小车突然倒车，把我撞倒，头上都撞出血了。当时我的头非常晕，司机把我扶起来，问我去不去医院，那时候我觉得头脑已经清醒，没有什么大问题，便说不用了，我自己回去。我看那司机也很老实，他也不是故意的，我觉得自己没什么问题，何必为难人家呢？然后我去坐公交车，结果坐了两站，我开始呕吐，头晕。我马上被送到医院，一检查，脑袋里面出血，医院发病危通知，立刻抢救。住了 40 多天医院，总算保住命了。"

我说："你后来没跟那司机联系吗？"

他说："联系了。后来警察还专门做了鉴定，结论是司机负全责。司机后来承担了医疗费。但是，这次车祸造成我彻底失去嗅觉，导致我终身残疾。按理可以向司机索赔，但我想算了，人家做生意也不容易，况且人也老实，所以就算了。"

我非常感动，并感慨万千："班老师您，还有朱小蔓老师，都是搞德育的，而且你们本人都是非常高尚的人，总是那么善良宽容，你们就是道德的典范。所以你们讲道德，讲德育，就有说服力，有威望。而现在一些中年或青年学者教授，难以让我尊敬，因为他们说和做分离。现在许多学术腐败，都是一些道貌岸然的教授学者制造的，他们在公开场合，那是很'高尚'的。"我举了一个在中小学教师中颇有声望的中年教授的例子，"他的书那么受中小学老师的追捧，可他在生活中的言行却让人不齿，说的一套，做的一套，如果他的粉丝知道了，真是不敢相信的"。

班老师说："现在教育上很多问题，其实是社会问题。整个社会都很功利，很物质，也很假。有一次，我给老师讲课，一位老师问我，学校迎接检查，我们不得不弄虚作假，学生就问我，老师为什么要让我们弄虚作假？请问班老师怎么看这个问题？我当时对这位老师说，你要表扬这个孩子，因为很多孩子都习惯了作假，甚至认为作假是正常的，这个孩子还敢于说真话，应该表扬他。另外，对于这事你没有责任，你不过是奉命行事，不必有思想包袱。但是你要给学生明说，这样做是不对的。"

四

听到这里，我给班老师说了一件我经历的事。很多年前，我所在的学校为了应付上级检查，不得不弄虚作假，作为班主任我也参与其中。事后我对学生说："大家看到，今天李老师作假了，还叫你们作假。老师不得不作假，这是我最难受的！我知道这样做是不对的。尽管我不得不这样做，但是我还是希望大家有起码的是非判断，这样做是不对的，甚至是可耻的。这是我要说的第一点。第二，希望大家长大后千万不要弄虚作假！唉，这些都是假教育！”

“你这样对学生说是对的。”班老师说，“但你说是假教育却不完全对。这不是假教育，而是反教育！因为它造成的危害，是对学生心灵的毒害，让孩子失去了起码的是非判断标准，把不正常的当作正常的。其实我们很多老师都无奈，不但要作假，还要给学生说是为了学校荣誉，太可怕了。”他又说：“关键是现在社会也是虚假成风啊！”

我说：“是的是的。每次上级领导甚至中央首长来调研工作，下面的干部中有多少人愿意给领导说真话呢？我曾经参加过一次有中央领导参加的调研座谈会，要我发言，结果我的发言稿不断被审查被修改，剩下的全是好话。还有，听说有时候中央首长到地方上视察，有些当地政府会弄虚作假，首长要到哪家去做客，都是精心编排的，连首长要抱的小孩，都是选了又选的。”

班老师只是叹息：“是啊是啊！所以，教育有很多问题很多时候是由于社会大环境的原因。”

五

我们谈到一些优秀的班主任，都认为，对老师来说，还是爱是第一位的。我说：“一个老师善良，爱学生，就会为了孩子去研究和探索，这样班主任的智慧就越来越多。就像于漪老师曾经对我说的那样，对孩子的爱，能够让一个老师变得聪明起来！”

“是的，首先还是爱。”他说到他熟悉的一位班主任，是南京市芳草园小学的郭文红老师，“郭老师爱学生，非常投入，学生毕业多年后还来看她，甚至学生家长在大街上碰见她，还非要送礼物给她。注意，家长并不是孩子在她班上读书的时候送礼物，如果那样，可以理解为是为了让老师照顾自己的孩子。不，那是孩子毕业多年之后送礼物给老师。他们非常真诚，完全是发自内心表达对老师的尊敬和感激。有了这样的关系，智慧、办法自然会有的”。

我说到刚才进小区时那位门卫师傅的表现，我说：“连门卫师傅对您都很尊敬啊！”他说：“我是教授，别人是门卫，但我们是平等的，平时我对他们都非常尊敬，你尊敬别人，别人自然会尊敬你。”

不知不觉过去两个小时了，我起身告别班老师。班老师坚持要留我吃晚饭，我说：“不了，我还要赶火车呢！班老师，您多保重身体，我以后再来看您。”

虽然外面还下着雨，但班老师依然坚持把我送到了楼下。

2011 年 7 月 19 日

（本文校对：黄宗晞、樊婷）

聆听大师的声音

陈宗国 （南京市科利华中学棠城分校）

在南京市六合区教育局基教科领导和支持下，六合城区片龙湖分校、棠城学校、六高附中和励志学校四所学校通力合作，每校推荐 3 人参与展示和交流活动：主要内容包括班级读书文化布置、“带一本书建班”班级实践设计和一节主题班会课。本次活动我们邀请到了中国德育专家、南京师范大学博士生导师、人教版政治教材编委会主任、“随园夜话”特聘专家班华教授，江苏陶研会特别教育专业委员会创始人、南京晓庄学院陈善卿教授，南京首届德育带头人、天润城 29 中管福泉校长，南京市首届德育带头人、六合高级中学名班主任工作室吴爱军老师组成评委专家组。专家组通过听课，察看班级文化，与学生谈心，与教师谈话，再集中点评和反馈，从而达到帮助六合区提高德育管理水平。

正是这次活动，得以再有机会和班老有较长时间学习和交流。前一次深入交流是在淮安，那次因为导师陈善卿经过 13 年的实践，创立特别教育专业委员会，给徐向洋颁发特别教育实践基地揭牌，我们在淮安吃住在一起两天。这次又是两天。周二晚上，我将二老接来并住进特意安排的酒店，班老看到如此地方，竟然说，我这个人住哪里都行，不必这么奢侈，其实也就是有个宾馆而已。我说因为我和酒店老总是好友，他给的是员工内部价，您放心，您能来我这里，我高兴得不得了。我给二老开了一间面向龙池湖的景观房，也是表达学生一点心意。然后，我将二老送入房间。二老看了房间的陈设和布置，看着龙池湖岸上的闪烁灯火，浩渺如烟的湖水，赞不绝口，六合夜景很美，这里哪是农村？大家笑了一会，我便告辞下楼，让二老好好歇息，明天早晨 7：00 吃早饭，我 7：30 来接，8：00 开始听课。

班华教授是我在南京师范大学读教育硕士时（1999 年）认识的，也是我的导师。他和我是同乡，祖籍是安徽。我是滁州人，他是巢湖人，他比我大 30 岁，我 1965 年出生，班老 1935 年出生，而今他 85 岁了，却还在著书立说，参加随园夜话，不忘初心，到处讲学。他一直是我佩服和敬重的老师。

这次我将邀请先生来，确实很为难，因为先生毕竟年纪大了，怕让他受苦，12 节课，两天时间，安排得满满的，每半天要听 3 节主题班会课，一个小时的点评，就是我们这个年纪的人都很吃力，更何况 80 多岁的老人。不请老人家来又心有不甘，学习的机会的确难得，最后还是让我大学时的老师陈善卿出面邀请，陈教授今年也 82 岁了，精神矍铄。他们二老是多年好友，陈老师一说，他老人家爽快答应。我有幸又和二老共同度过两天两夜的快乐时光。

12 节课四个半天四场点评，场场精彩，最精彩的当然是在附中的结束会上，王桂平校长用了沙龙分享的形式，欢聚一堂，台上台下互动，听课的和被听课的，评课的和被评课的，分享的是班老的智慧，获得的是教育精髓，认识的是教育真谛，寻找的是教育本质，关注的是孩子本身，是人的发展。

班老精彩点评的教育箴言：

一是“没有学生就没有老师”：我们无论是在大学还是在中小学任教，学生是我们的衣食父母；在日常的教育教学活动中，学生给予老师快乐和幸福；教师专业化成长的途径之一就是向学生学习；老师业余生活与学生共同活动，是一种快乐和享受；老师与家人、朋友一起开展活动，学生的参与、陪伴又是一种享受。“没有学生就没有老师”是一个平凡的真理，是自觉教育者应有的教育信念，是教育自觉的重要表现。没有学生，就没有老师。努力学习，提高生命自觉，让师生享受幸福的教育人生。哲学家马丁·布伯也曾说：“我们栖居于万有相互玉成的浩渺人生中。我的学生铸造我，我的业绩抟塑我。”师与生就是这样相辅相成的。

没有学生就没有老师，当然没有老师也就没有学生。任何一个人首先是做学生，然后才可能成为老师。成为老师后，随着社会发展、科学进步、学生成长，老师必须坚持学习，也就是继续当“学生”。唯有如此，才能适应教育的需要。古代教育家早就具备这种辩证的思想，如《学记》中说过“教学相长也……学学半”。韩愈说“弟子不必不如师，师不必贤于弟子”等。自觉教育者能充分理解教育本质与规律，理解教育过程的哲学原理，懂得教育过程中师生对立统一关系；理解“没有学生就没有老师”是其教育自觉的表现。在教师专业成长途径中，重要的一条就是“向学生学习”。国外学者曾经提出“儿童是成人之师”，我国著名教育家陶行知提出“向孩子学习”。这些理论表明，长辈向晚辈学习是符合人类持续进化的、必要的、自然的事，老师向学生学习也是如此。

二是“以学生为主体”。在教育活动或教学活动中，学生是学习主体、认识主体；与学生主体对应的客体不是“教师主导”，而应是认识的对象、学习的内容等。“以教师为主导”，不是对教学过程中学生学习活动的主导，而是对学生学习活动的指导和引导。简言之，教师对学生的学习活动应该起引导、指导作用，而不是起“主导”作用；学生成长主要靠学生自己的学习活动，教师应该给予指导和引导，而不应该起“主导”作用，即不可能代替学生的认识活动。

三是“最好的教育是示范和感染”。教师将教育当成一件享受的事，这就是一种正面教育，家庭学校和社区都有这份需要，带领学生读书，将读书当成享受，学生学习本身就是一种享受，否则学生感受不到享受的快乐，就会厌学，所以教师首先要将教书当成享受。“你看我来做评委，你说我累吗，可是我确实将它当成享受，我从 12 节课中，从年轻教师身上学习许多东西，我有了收获，我就是在享受。我得到了成长。”接着班老从书包里拿出一本书《享受和班主任朋友共同成长的快乐》，这是他老人家在 2011 年出版的专著。说到此时，我们聆听他的话语顿时肃然起敬。一位 80 多岁的老人还在谈自己的成长，这就是榜样的示范作用，这个品质深深地感染了我们。

四是“教育强调实践和品德”。他拿出一个小本子，说这是他 2016 年写的一段话，他读到：“实践比理论丰富，教育实践就是一本没有文字，但却是内容丰富的实践形态的教育学。教师就是一本人格化的书。”听到这里，我恍然大悟，教师与学生矛盾的两个方面若从不同的维度看，对应关系的内涵应有不同：从教育维度看，有施教与受教关系、教与学的关系；从伦理关系维度看，有尊师与爱生关系，有相互尊重、相互关怀关系；从年龄维度看，师生间有长幼关系。我们不能把师生关系中不同维度构成的矛盾的两个方面拆开，如果这样，它们就无法构成对立统一的关系。教师如果就是一本人格化的书，那么这本书恰恰决定了学生是否喜欢读你。你是一本什么样的书，你将对学生产生多大的影响，不管是正面的还是负面的影响，都取决于你这本书。

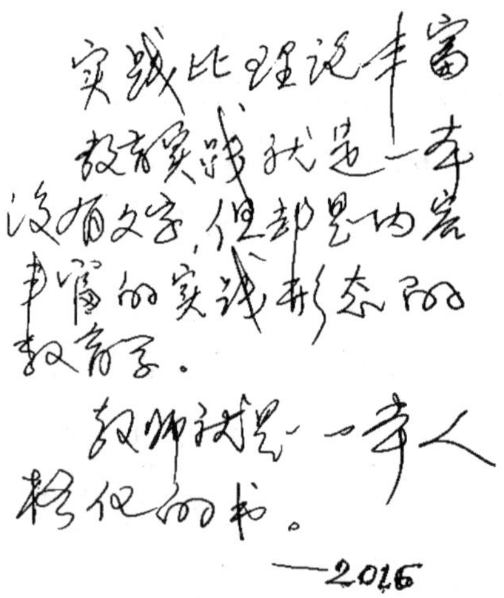

班华老师手写的一段话

怀念班老师

陈宗国 （南京市科利华中学棠城分校）

2022年11月27日星期日凌晨4点，我国著名德育专家、南京师范大学博士生导师班华教授因病医治无效，与世长辞。我和陈善卿教授、王鼎宏教授商量，我们特别教育专委会应该如何参加追悼会。陈善卿教授是班老师的好友，给班老师女儿打电话，她告知，先生有言，一切从简，你们心意领了，再加上疫情也不便，谢谢各位。我们心里更加难受。于是专委会决定以集体名义做场哀悼。"随园夜话"齐学红教授、顾青老师在群里的提议，我们将在12月组织一次班老师的追思会，我们每个人写一些追忆的文字来表达对导师的思念和敬仰。导师一生治学严谨，虚怀若谷。先生在国内率先论述德育"隐性课程"，提出"心育"、德育与心育结合的思想，为我国道德教育体系的建构做出了重要贡献。他出版了《中学教育学》《心育论》《现代德育论》《发展性班级教育系统》《高中班主任》等著作18部，发表学术论文上百篇，曾获省、部级奖11项（次）。

班华教授是我们江苏省陶行知研究会特别教育专业委员会专家学术顾问，

从陈善卿、姚文忠创立特别教育以来，不管是在学术上还是在实践中他都给予积极鼓励和支持。2017 年 11 月班华教授出席了在淮安举办的江苏省陶行知研究会特别教育专业委员会成立大会，还给“特别教育”题词：特别的爱献给特别的你；并给徐向洋颁发特别教育实践基地牌匾。正是这次活动，我们在淮安吃住在一起两天，得以有机会和班老进行较长时间学习和交流。

2018 年他又出席了在南京市科利华中学棠城分校的中陶会和省陶会的重点课题“陶行知生活教育指导下的特别教育实践研究”“陶行知生活教育指导下的早期干预，少出现特别学生的研究”开题会议暨首届特别教育研讨会。后来他又多次出席特别教育专委会的年会并给予教师指导和引领。

2020 年 9 月 25 日的夜晚，棠城家风文化馆迎来了随园夜话牵手棠城夜话，班华教授又一次来到棠城学校。

导师来的时候不忘给我带来先生亲自签名的书籍《提高德性素养　享受道德人生——班华德育原理文集》，扉页上赫然留有先生清秀字迹：尊敬的陈宗国老师惠存！敬请对本书提出意见！感谢批评我的人！友：班华 2020 年 9 月 25 日。这就是我的导师，敬爱的谦逊而又谦卑的当代大先生，让弟子肃然起敬，至今回味我依然会潸然落泪。

每次导师赠书的时候，都不会忘记亲自题写寄语，我记得 2016 年我在南师大随园听导师讲座后，去请教导师，导师赠送一本自己的著作《中学教育学》，书上题写着：“实践比理论丰富，教育实践就是一本没有文字，但却是内容丰富的实践形态的教育学。教师就是一本人格化的书。”导师的这段留言，对我影响很大，让我知道了我就是教育，我就是学生的书籍。先生认定做自觉教育者—自觉学习者，要认真读书，不仅读有文字的书，还应重视读实践形态的书、人格化的书。在先生多次讲座中，先生在论述班主任对学生的教育时，经常强调班主任要为学生做出榜样，即班主任作为“人格化教材”，给学生以直观的、形象化教育。现在我彻底明白先生就是我们弟子“人格化教材”，他是这样讲的也是这样做的。记得 2017 年 6 月 24 日，我参加了南京师范大学道德教育研究所开展的主题为“班华先生的学术人生”经验交流座谈会。该活动旨在为教科院师生创造一个与班华先生面对面交流的平台，学生们在活动中能够现场聆听班华先生讲述自身教育实践及研究的经历。本次座谈会由德育所2015级硕士研究生张玥主持，闫旭蕾教授、章乐副教授协同参加本次交流活动。首先，班华先生分享了他的教育经历，从与宁海中学的渊源讲起。宁海中学原址在今新街口附近的羊皮巷，从羊皮巷到宁海路，学校搬迁都是由班华先生那代人亲手完成的。受乡村教师史瑞芬的影响，班华先生原先一心想到农村去，做一名乡村教师。毕业前夕，因国家政策变化，班华先生不得不报考高等师范院校——南京师范学院（南京师范大学）。在填报志愿时，班华先生将教育系作为自己的第一志愿。就读期间，受国内形势变化的影响，班华先生经历了多次停课风波。毕业后班华先生留校任教，在此期间参加了素质教育运动，积极开展乡村办学。

其次，班华先生又分享了他的学术专著《中学教育学》。班华先生重点讲述书中“自觉教育者”的观点。在他看来，教育不能仅仅停留在经验上，要摸清教育的原理和本质。除此之外，“自觉教育者”还应该重视生命教育，有生命自觉性。生命自觉性不仅仅要求关爱人的生命。班华先生在此分享了其在成都锦溪小学参观活动的经历。锦溪小学以对动物生命的关怀来启发学生对人生命的关怀。就人的全面发展而言，班先生讲述了体智德美及心理教育。

最后，本次交流座谈会进入互动问答环节。闫旭蕾老师从班先生“没有学生就没有老师”的观点提出了师生关系的问题。就学生主体还是教师主体的问题，班老详细阐述了其观点。班先生认为“没有老师就没有学生”这一观点也有其本身的合理性，只不过教育曾经一味地将重心放在教师身上，班先生从学生立场为教育的合理性提出观点。在场学生也纷纷向班先生提问，整个现场气氛活跃，本次交流活动成功举行。“没有学生就没有老师”是师生对立统一关系的一个方面，是自觉教育者的教育信念。这一教育信念越坚定，教师越能自觉地向学生学习并持续发展。

2018年11月22号晚于南京师范大学随园校区专家楼，我闻听春梅来南京参加研讨会，约好晚上8：20见面，并一起拜见导师班华，有心人也是有缘人，又遇见好友罗京宁校长，我们一起去专家楼拜见导师班华，老人家精神矍铄，先是春梅向班老师赠送刚出版的个人专著，而后谈起春梅之前给班老师留言：向美而寿。导师侃侃而谈，逻辑思维清晰，解读层次结构分析得十分合理，称赞春梅心中有美育，讲述了中国教育表面上看只是追求分数教育，骨子里却是体育和美育的丧失，人的成长不是分数的成长，应该是体育美育的完善，这是心灵和精神的成长。这是最重要的教育部分，而我们今天的教育却不重视，这很可怕。当我们再次谈起师生关系的定位和实践时，导师引经据典，才思敏捷，丰富的学识让我们大开眼界。席间有人敲门，进来的是徐州王彬老师，他是一个乡村青年教师，得到班教授赞赏有加的老师，因为学校叫尤楼小学，她在当地创立了优乐夜话。我听了导师的介绍后，对这位青年教师刮目相看。接着我们讨论了情感教育和心理健康教育，一个晚上老师将自己的学识发挥得淋漓尽致，我们每个人都收获满满，收获的不只是道理和教育理论，还有老师做学问的精神、虚心学习的态度、待人真诚的处世哲学、鼓励学生的育人方式。我一看时间都 10 点多了，为不影响导师休息，因为第二天导师还要做讲座，晚上还要参加随园夜话。于是我们下楼，导师一定要送我们，坚决推辞不成，我们就让他和自己一起下楼。当老师站在专家楼门外，在寒风中，向我们挥手道别的一刹那，导师的高大形象印入我们每个人的心间。83 岁导师让我们的敬佩发自内心深处。所谓“灵魂有香的人”说的就是我的导师吧！当我们三步一回头的时候，老师依然伫立于门外，直到我们消失在师大的模糊的灯光和茫茫夜色之中。回到宾馆，辗转难眠，我便给导师写了一首小诗。

老师您是一棵树

老师您是一棵树，
一棵有灵魂的树。
一半在空中，

一半在地下，
在空中飞舞，
在地下艰苦。

老师您是一棵树，
您是一棵有香味的树。
一半留给自己，
一半给了学生。
让自己处处留香，
让学生学会生香。

老师您是一棵树，
是一棵不断成长的树。
一半在空中，
一半在地下，
在空中迎着朝阳，
在地下吸收营养。
看到的是您的辉煌。

老师您是一棵树，
是一棵可敬的橡树，
一半是现实，
一半是梦想。
在现实中砥砺前行，
在梦想里寻找方向。
您给了我们阳光，
也教会我们灵魂留香。

今天导师离我们远去，我心怀不舍，写下师生交往的深情往事，追忆那些先生留给后生的美好时光，再一次深情回望先生光辉的一生，您永远活在我们心中！

与班华先生二三事

李建华 （河南郑州高新区艾瑞德学校）

前天，惊闻班华先生逝世，内心一阵感伤，不禁想起和先生的交往点滴。

最早知道先生是我在师范读书的学生时代，那时候用的德育教材是先生编写的，当时就觉得凡是能成为教材作者和编者的肯定都是了不起的人，事实也是如此。后来工作了，才知道先生是全国著名的教授和学者，他提出了“心育”教育，南京师范大学德育研究在全国领先，班华先生、鲁洁教授是其中的先驱和柱石。当时在安徽乡镇工作的我从未想过能认识先生，更没想过和先生还能有一点交集。

第一次认识先生是在2014年5月27日。我刚到南京市莲花实验学校主持工作不久，突然接到区教育局通知，到建邺高中参加一个活动，并要做5分钟发言。匆忙中我也来不及做PPT，就带了学校的几张照片，5分钟之内讲了几个小故事。活动结束后，我才知道这是南京师范大学班主任研究中心齐学红教授主导下的“随园夜话”沙龙活动，我的发言给齐教授留下印象，她当时把我留下来，并把我介绍给坐在第一排的一位面容清癯、精神矍铄的长者，我看见座位席卡上赫然写着“班华”，不禁肃然起敬。班华先生站起来和我握手，并鼓励我工作做得不错，尤其德育工作做得有温度。当天，先生留下来和我们一起吃饭，他饭量不大，也不喝酒，话也不多，大部分是由着我们这些年轻人在说着闹着。我记得当时让先生坐主宾位置，他十分推辞。交流中，齐学红教授和班华先生都有意想把下一期沙龙活动安排在我们学校。

“随园夜话”沙龙是一个民间组织，每周都有活动，一般是在周二或周四晚间，是大家自愿参加的，在长三角教育圈有一定影响力。我在南京时，基本会参加，同时也安排学校班主任老师参加。有几次遇见班华先生，他也像我们一样积极参与活动和互动，从未以一个专家学者身份，居高临下地指导别人，很少做总结讲话，即使有时实在推辞不了，他讲的也大多数是鼓励的话。

时间很快来到了 2015 年 3 月，“随园夜话”第 54 期活动敲定在我们学校举行。为了能邀请班华先生参会，我专门给先生送邀请函，先生住在南师大校园内，我记得那是个中午，先生答应一定参加活动。寒暄几句我就要急着走，先生非要带着我到靠他家附近的南师大校园内的饭店吃午饭，我无法拒绝，其实他已经吃过饭。他点了菜，看着我吃，他不忍我饿着肚子回去，最后钱还是先生付的。虽然当时我为一校之长，但是在先生面前我十分听话，现在想想自己好不懂事。

当年 3 月 30 日，活动如期举行，主题是班会课与学生核心素养培养。班华先生亲自到场指导，南师大的齐学红教授、朱曦教授，南京市教科所李亚娟博士，南京市外国语学校仙林分校黎鹤龄主任等莅临活动现场，我代表学校做了题为“我们来到这里是为了看太阳”的汇报。这场活动让先生知道在南京城郊接合部、外来务工子女占 85% 的这所学校在坚持着“做有温度的教育、办有故事的学校”，他深为感动。他指出，素养的核心应是“精神”，核心素养提倡“亦师亦友”的师生关系。在陪先生参观学校时，先生要我把德育做好。也是因为受到先生的鼓励，我潜心做德育，2015 年在《人民教育》

第 20 期发表《豁然间，德育成了我们打开办学困境的钥匙》一文，也算是对先生期待的一个回应。

后来再见先生是在 2015 年 12 月 6 日，我受邀参加深圳滨海小学的一场德育活动，未曾想先生也参加了。他不顾年事已高，参观学校，为学校题词，参加沙龙活动。为了奖掖后辈办好学校、做好教育，先生身体力行地支持着，引领着，并且专门撰文介绍、点评滨海小学的国旗下课程。在沙龙环节，先生还记得我们学校有温度、有故事的教育，并对我提出表扬，鼓励我好好做德育，好好做教育。我记住先生的话，一直坚守着“做有温度的教育、办有故事的学校”的初心。2016 年我出版《教育的温度》一书，本很想请先生写序，因为勇气不够，也因为担心自己书的质量不高，所以未敢开口，现在想起有点遗憾。但是，非常感谢齐学红教授为书写序。

再后来因为自己来到中原，就没有再见过先生，有时候会在“随园夜话”微信群里看到先生与大家的互动，先生在群里所发信息多是对大家的问候。

突然间，先生远去，不胜唏嘘，有些遗憾与歉疚也不能弥补。先生犹在，精神千古！

随园班主任追思

得一言而终身行之

——班华教授追思会致辞

尹湘江 （南京市明道学校）

各位朋友、各位同行：

班华老师离开我们两周了，国家的疫情防控政策调整后的第四天，我们随园夜话的部分成员代表，从南京市的各个地方聚到一起来，共同追思亲爱的班华老师，共同追思深爱我们当中的每一个人的班华老师，共同追思用宽厚仁爱的精神给予我们终生滋养、鼓舞我们不断前进、鞭策我们在班主任工作及其理论研究道路上向美而行的“大先生”班华老师！

班华老师是我本人班主任实践工作的启蒙导师。2001 年，我到南京市金陵中学参加工作，苏华老师带着我围绕“德心两育”开展班主任工作，这正是班华老师主持的江苏省“九五”哲社规划课题“中小学德育教育与心理教育相结合的研究”的子课题之一。那时苏华老师就一直用班华老师的教育思想引导我开展班主任工作。正确的思想一经掌握就会产生无穷的力量，这正是我 22 年来一直坚持一线班主任工作的思想根基。

班华老师是我们当中的很多人班主任研究工作的启蒙导师。2008 年前后，我由吴虹校长介绍，到南师大教科院参加《今天我们怎样做班主任》一书的编写工作。这项工作经冬历春，工作期间有幸得到南师大教科院诸位老师的指点与鼓舞，埋下了研究班主任工作的思想种子。现在回顾起来，那时候没有人给大家做任何的理论指导，我们更关注的是一线班主任工作里发生了些什么。后来，我们在随园夜话里的很长一段时间都是期待着齐老师、朱老师、陈老师给我们做指导，但是 2012 年 11 月 1 日第 36 期随园夜话“教育听谁的：教师、家长还是学生？”在南京市金陵中学举行，班华老师在会上发言，强调班主任研究工作的答案不在高校，而在一线。这坚定了我作为一线班主任从事班主任工作研究的信心。自此，我也常常能在随园夜话的现场见到班老师的身影，聆听班老师的教诲。

班华老师也是我们终身坚持躬耕班主任研究领域的精神力量源泉。万世不衰的儒家经典《论语》中记载了弟子子贡问孔子的话，“子贡曰：‘有一言而可以终身行之者乎’”孔子对众多弟子们的教诲不可谓不丰富，但是端木子贡希望可以找到“可以终身行之”的“一言”。孔子告诉子贡“其恕乎？”并且用形象的语言解释给子贡听：“己所不欲，勿施于人。”随园夜话的核心成员都记得班华老师在每次夜话结束时的点评发言。班老师的发言必然包括了“教育腐败”，班老师每次也会用形象化的语言解释给我们听：“教育腐败就是唯分数论、考试主义、锦标主义。”从 2012 年到 2019 年，前后七八年的时间里，班老师每论此事都会强调这是“当下”教育的“怪现象”，是“当下的教育病”。我们在那时那地，觉得班老师怎么一直在说同一件事情呢？可是 11 月 28 日，我听到班老师去世的消息后，突然发现他说的“当下”不是一个刹那，不是一个时期、一个阶段，他所关注、批判的“教育病”是迄今为止尚未看到解决期限的跨越时代的“教育病”。斯人已逝，一言永在。回望我们这些年走过的道路，其实没有一件不是在和班主任工作的各种弊病对话、沟通，班老师用自己的实际行动给了我们无尽的精神力量。

班华老师一生追求美，追求美的教育、幸福的教育，班华老师教育价值观就体现在我们对美好幸福生活的追求中。因此，我提议，我们的追思活动和我们日后的班主任实践与研究活动都应该一如既往地和各种“教育病”对话，不断地追求美、追求幸福，方不负班老师对我们的教导！

谢谢！

班老师谈幸福

袁子意 （南京市建邺高级中学）

“这样的沙龙形式很好，今天晚上和这么多的老师朋友们交流，我学习了很多。只要我精神好，这样的活动我会经常来的。”

——班华

这句话是10年前班老师第一次来沙龙时的一段话。10年时间，班老师把只要精神好变成了风雨无阻，把经常变成了几乎每次。不知用怎样的感情描述对班老师离开我们的不舍、难过、悲伤、怀念，在整理很多情感的过程中，在看到微信群里老师们写的悼念词中，在一张张珍贵的老照片中，在脑海中浮现的一段段记忆中。一个班老师常用的词浮出来——“幸福”。

“有意义的快乐就是幸福”，这是班老师和我说起幸福时常提到的一句话。我也读过斯宾塞的《快乐教育》，也做了有关快乐的班会课研究。快乐是和人的需要紧密联系的。不同需要的人产生不一样的快乐，享受极度快乐的人理解的快乐是很多人无法理解与感受的。不同层次产生的快乐也只是有相同层次需求的人才能感受到。我想幸福也应该如此。班老师谈幸福，班老师自身幸福吗？

和班老师第一次认识是在多年前随园夜话沙龙的一次讨论上，我们看到班老师来了，都很激动，都在期待班老师能给我们讲很高深莫测的班主任工作理论，但整晚，班老师都是托着腮帮子，笑嘻嘻地看着每个老师发言。最后在我们的极力邀请下，班老师才说了上面的一段话。就这样，班老师的身影经常出现在沙龙里，经常和我们聊到9点多钟，经常和我们拍照留影，经常被一个小吴记者急性采访，经常带给我们欢乐的笑声。班老师是幸福的，年轻人喜欢和他在一起，和班老师在一起总有笑声。

与班老师近距离接触是在他76岁的时候，按现在人的寿命，还谈不上高龄。在我大学读到班华教授主编的一本教育学原理方面的图书时，后面的成果介绍会让我感到遇到班老师是多么不容易的一件事，与班老师说话要思考多久才能和他交流一句。但真正和班老师交流我才发现可以与班老师谈谈家常，可以向班老师提出质疑，可以和班老师说说心中的苦闷。幸福是相处时的不拘束，幸福是人际相处时的一种感受。也曾和班老师到过不少学校，遇到领导众星捧月，班老师平淡相处，遇到普通老师的热情求合影，班老师面带笑容，遇到小孩子们兴奋地打招呼，班老师也会兴奋。做本色的自己，不管什么场合，与什么人相处，做本色的自己真的是一种幸福。不卑不亢，为人谦和，给所有人的印象都是统一的。这样的幸福是稳定的，持久的。反思自己，遇到领导，遇到同事，遇到各种学生，自己的形象是统一的吗？做一个人的形象是统一的吗？

“谁当主任不重要，把事情办好最重要。”

——班华

一次，和齐老师拜访班老师，谈关于班老师文集出版的事宜。他们交谈，我在旁边记录。先是谈到班主任中心的筹建，在班老师的提议下筹建，当时有全国80多所高校参与，是全国第一家研究班主任的学术机构。我记了四句话：“一、整合教育学的各项资源，将专业交集整合；二、由高教授担任第一任主任，谁当主任不重要，把事情办好最重要；三、班老师带头研究德育课题；四、举办了首届班主任高层论坛，出版了《素质教育》《班主任与德育》等书刊”。其中班老师谈到了创新，“你创造的东西，世界上是没有的”。我能感受到班老师在谈到创建班主任中心那时流露的自豪，这是班老师的一个创造，然而他不居功。由高教授担任第一任主任，高教授我也接触过，真的和班老师一样谦和。班老师说“谁当主任不重要，把事情办好最重要”。这句话让我明白了幸福是有成事的担当，而不是去争功的狭隘心理。接着他们谈到了《发展性班级教育系统》，这是班老师很早前出的一本书。班老师说我去找找，拿来了一本已经泛黄的却保存得很好的小手册。当他打开这本手册，我被班老师的治学严谨惊呆了，上面密密麻麻地记录了很多的心得体会、修改意见。这本书前面介绍了几位当时的优秀班主任老师，如李镇西、魏书生、朱小曼的工作经验。现在他们都成了全国著名的教育家了。再看看班主任操作系统，说真的第一次看到这么详尽的接受班主任操作系统的研究。听到班老师介绍有关书稿的编写过程时，我理解了幸福是一种专注，对自己热爱的事业的全力投入。

“我要帮助那些老师们实现自己出书的梦想。”

——班华

再接下来，他们谈到了班老师为老师们出书时写的序，有丁如许老师的《魅力班会课》，有郭文红老师的《寻找教育的智慧》，有莫素君老师写的《我的教育情怀》，等等。每篇序言都是在读完全书后的感悟，他说，“我要帮助那些老师们实现自己出书的梦想”，幸福是有能力帮助他人实现梦想，幸福是无私地帮助他人实现梦想，幸福是将班主任的幸福散播。接着，提到了“班主任专业化”这个词，班老师首先提出，要明确这不是他的首创，他认为第一个提出来的是首都师范大学的王海燕老师，班老师不止一次在讲座中提到这件事。可能班老师也提班主任专业化，不少人就认为第一个提出的人是他，因为班老师总是提这个话题。我听了，有感悟，一个真正治学的大家才会注重事实，注重对别人成果的尊重，对别人创造的尊重。这也是我们国家创新精神缺乏的一个重要原因，很多人不尊重别人的创新。我能感受到一种尊重自我的幸福，班老师对自己是十分尊重的，不是我的，我没有必要去占有。

“班主任精神关怀。一个班主任要让自己的学生幸福，首先是要有人让她（他）感受到幸福。”

——班华

齐老师和班老师接着谈到了班主任精神关怀的话题，一是班主任的精神关怀，二是谁给班主任精神关怀。这里面提到了重要他人，班主任的支持系统，班级共同体。一个班主任要让自己的学生幸福，首先是要有人让她（他）感受幸福。一个班主任，他身边的重要他人幸福吗？他身边的社会支持系统会给他带来幸福吗？这些都会影响班主任是否会给学生带来幸福。当我们幸福的时候，我们能够觉察吗？在班老师的报告中，我能发现班老师在讲班主任幸福这个话题时，不自觉地流露出对那些幸福的班主任的一种向往，一种祝福。他也不断地察觉自己当下的幸福。我的感受就是班主任幸福，甚至人的幸福也是要觉察的。

在我的眼里，班老师是幸福的。外在的物质条件足以满足他不高的物质追求。粗茶淡饭，别有滋味；衣着朴素，轻松自在；人际交往中的包容心，和睦的家庭，相契的知己，对晚辈的关爱，对同事的关心帮助，对领导工作的全力支持。最核心的是班老师的自我修炼，能做的本色自我的境界。这是我感悟中最难的境界，可能也是幸福的最高境界。

班老师谈到班主任的幸福是真幸福吗？

这是一个疑惑，班老师介绍的那些班主任真的幸福吗？不少教学上很有造诣的老师，几乎很少带班主任，认真地教学，踏实地批改作业，热情地带家教，搞培训。来找他们的学生也是络绎不绝，成绩考好了，和老师关系是很好的。每年假期疯狂补课，结束后，他们国内外旅游一番。回来和学生分享一下，学生崇拜得不得了。这样的老师幸福指数远远高于一个起早贪黑管理班级，接手一个平行班，甚至是差乱班的班主任。我们听到了是一些教育神人改变了班级的神话，回去实践的过程中，当我们接手那些差乱班的时候，才会发现幸福并不是那些老师描述的那样。我听到的不少老师血与泪的故事，分明感受到的是不幸。班老师介绍的那些优秀的班主任的幸福是什么呢？读了一些班老师推荐的老师写的书，也和班老师介绍的郭文红老师深谈过，郭老师一谈到学生就眼睛发光，话题不断，异常兴奋。我终于知道这些老师身上都有种和班老师一样的教育理想与信念，能抵抗住当下的这种对物质享受的不懈追求，他们追求的是自己的教育情怀释放，是一种自我教育理想实现的精神体验。一个班主任花几十年时间记录自己的教育故事，梳理自己的教育理念，当他们的一本书出来，对于他们就是一种巨大的精神享受。幸福是极大的自我实现的快乐，这是那些带家教，和学生仅仅分享考试的艰辛与痛苦，体验考试的成功的老师们所不能达到的精神境界。他们与学生相处时，无私的关爱，细心的指导，人生关键时期的指点，和孩子享受的是共同教育，共同发展。班老师谈的班主任幸福是基于人的发展的幸福，是建立在有教育信仰与对教育热爱基础上的幸福，是真正的班主任的幸福。

初心育班，真情酝华

——追忆班华老师

顾青 （南京外国语学校）

2017年5月的第70期随园夜话中，我第一次见到了班老师。他穿着一件浅蓝色的长袖衬衫，专注地听着大家的讨论。那是我第一次做夜话主持，其实内心非常忐忑，但看到那抹镇定的蓝色，我感觉心情也平静了很多。那天讨论的主题是“青春写手——班级活动的策划与组织”。班老师在发言中特别指出组织班级活动的原则除了具备教育性以外还要具备审美性，这给了大家很多启发。以前只在书的扉页上看到过班老师的照片和介绍，这次见面让我久久不能忘怀，班老师的确用自己的一言一行在传递着心育理念，不仅是对学生更是对德育工作者，那是一种强大而坚定的支持力量。活动结束后，我怀着激动的心情在班老师发言的图片后面写下了一个嵌名联：初心育班，真情酝华。

后面的一系列随园夜话活动班老师都积极参加了，每次看到他都是那么充满活力。虽然彼此已经非常熟悉，但他每次见到我都指着我说：我记得你，思维特别敏捷，语言特别丰富，我要向你学习！现在想来，这似乎是他特别的一种鼓励方式。他总是说要做一个自觉的学习者，以身作则，不断发现老师们身上的闪光点，并不断鼓励和提携后辈们。在随园夜话第 100 期的筹备和庆典活动中，他以 80 多岁的高龄全程参与策划和拍摄。我还记得他戴着随园夜话 100 期纪念的大红色围巾引领着我们走在队伍最前面的样子，意气风发，精神矍铄。在庆典那天，他一直坚持到晚上 9 点多才离开。闪烁的灯牌在他的手里照亮了身旁众人的眼眸，他在我们夜话人的心目中就是一面无形的旗帜，一盏闪亮的明灯，引领着我们延续着德育的梦想，坚持着合作共进的道路。

最后一次见到班老师是在他家中，我在一次随园夜话活动前去探望他并邀请他一起参与晚上的活动。他兴致勃勃地向我介绍家里的藏书，给我介绍了墙上的“仁者寿”书法作品的来历。他还拿出一本泛黄的歌本，那是他参加老年合唱活动的本子。我们一起唱着歌本上的老歌，享受着午后温暖的阳光。在班老师家中感觉时光流逝得很慢，老师的思维非常活跃，还和我讨论了夜话选题的一些问题，一再强调要保持儿童视角。此后的每次夜话之前，我都会在微信上先向班老师请教，他总会给出一些中肯的意见。只要身体状况允许，他都会亲自来现场指导，实在有困难时才改为线上参与，有他坐镇，大家都感觉安心。

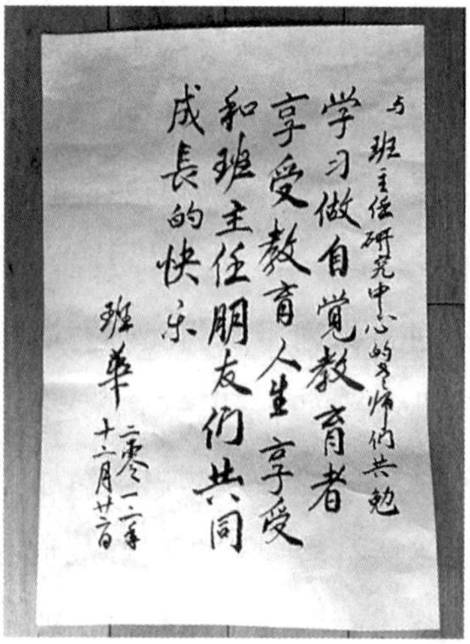

今年的几次探望活动我都因为各种琐事无法参加，本想年前再去探望一次，没想到今晨突闻噩耗。哀痛之余，我便计划和同仁们一起表达哀思。本来想着班老师一直倡导“向美而行”，想用最美的花朵为他送行，没想到又接连收到丧事从简的信息。匆匆写就此文，表达对班老师的崇敬和追忆，此刻浮现在我脑海中的还是初见时他的身影：瘦削挺拔，一身正气。也许永葆德育初心，对同仁们倾尽真情才是对他最好的纪念吧，班老师一路走好！

顾青及夜话同仁泣书

2022 年 11 月 27 日

初见　陪伴　礼物

吴申全（南京市莫愁中等专业学校）

我们要做自觉的教育者，即理解教育本质，懂得人的发展和成长规律，自觉地根据教育本质、教育目标要求，遵循教育原理、原则，从事教育实践活动。——摘自2022年10月齐学红教授主编的《随园夜话：班主任的实践教育学》序言第3页第7～9行。

初见

这世界有那么多人，人群里，敞着一扇门，我迷蒙的眼睛里长存，初见你蓝色清晨！

没心没肺只会傻乐的我，不记得第一次见班老师的细节了，只存有这张初见时的照片（照片附后）。那是2009年晚上在南师大随园夜话班主任沙龙结束后的合影！我对班老师的第一印象大概就是，这就是班老师啊，他怎么会那样谦和啊！学问高、品行高尚的人真的很谦和！谦和，对我后来的生活、工作、为人产生很大的影响！

陪伴

有人说，陪伴很温暖，它意味着这个世界上有人愿意把最宝贵的东西给你，那就是时间！

2010年暑假，我在齐学红教授的推荐下，参加了首届中小学班主任高层论坛“做一个幸福的班主任”。很幸运，从南京到江阴来回的路上，我和班老师坐在一起，班老师答我这个“记者”问，我也听班老师讲他的故事。在故事中，我了解班老师的过去，感觉班老师真的很亲切！

2020年8月，在随园夜话微信群里，我知道那天班老师生日，立刻带着孩子们去送祝福。他和孩子们一起唱歌、折纸、聊天、讲沙发上靠枕的故事（一次，随园夜话沙龙，我送了一个靠枕给他，祝他更加健康幸福，后来每次只要去他家，他都会说起）……场面好温馨！

这十来年，班老师多次坚持参加随园夜话班主任沙龙活动。在沙龙活动里，我们自由自在，一起畅谈、给他过80岁生日……这十来年，我和齐教授、沙龙的哥哥姐姐，多次和班老师在一起。我们有时外出游玩，有时在家闲聊（聊健康、聊生活、聊教育……），有时做做“家务”（安装灯、修剪阳台上的植物……），有时一起吃饭（很多人第一次不知道，在班老师家门口的饭店吃饭，老板只收班老师的钱）……这十来年，我在班老师面前口无遮拦，他给我信任感，我发自心底地敬重他、感激他！

礼物

有人说，在这个世界上，有多少爱的表达，就有多少种礼物。礼物，可以是一次见面，一本书，一份约定，也可以是一种力量……

2022年11月23日，我和齐教授、吴老师还有几个教育学博士，在班老师小区的门房，见到班老师。齐教授那一声声热切的问候：班老师，班老师！班老师慢慢起身，眼眸亮了起来，笑着说：齐学红啊！“班老师，你知道这是谁啊?”齐教授指向站在后面的我。“这是吴申全呗!”班老师边说边笑。我却不好意思抬头看班老师，还是暑假和家人一起来拜访的。这快三个月了，因为各种事情，我没来看他，听说班老师不怎么记得人。他却把我的名字脱口而出，我感到有点意外和高兴！我和吴老师走在两位教授的后面，齐老师扶着班老师，一瞬间，背影好动人！其实这十来年，我和齐老师、随园夜话的哥哥姐姐来过不少次，这样的背影十分常见，但那一天的一瞬间，依然深深打动了我！我们和往常一样，来到班老师家，齐老师送给他随园夜话刚出的书，班老师称赞随园夜话办得好！我们开心地闲聊、拍照，相约2023年8月给他过90岁生日！我们快要离开时，班老师让我们稍等一下，他去房间好一会儿，我们好奇他的举动，原来他拿了一个信封，里面装有人民币，想要邀请我们去吃饭！我们向他表达谢意，许诺下次再来！没想到，下一次却再也没有……

2022年11月27日上午，我看到班老师离开的信息，泣不成声，不是前两天还好好的嘛！我想送的礼物还没送呢！我想，12月带着新书（上面有他写的专家点评）来看他，我想带着棉服作为90岁生日礼物来看他！23日见他时，他身上穿的是我第一次见他时穿的那件外套。那件外套陪伴他度过了春夏秋冬，想必他是喜欢的吧！第一次和最后一次和班老师合影，碰巧他都穿着那件衣服，衣着朴实，内涵丰富，品质高尚！我再也看不到班老师了，各种回忆涌上心头，我以为班老师一直会在那里，我还有很多话要和他说，我的礼物还没送给他……看到群里大家发的信息：天堂没有病痛！班老师这会儿是不是到了天上啊，我这么想着，跑到门外，站在空旷的地方，抬头看天，好像在寻找班老师，然后跳起舞来，心里虽难受却始终面带微笑，我想班老师一定希望我们活着的人好好生活和工作，这是另一种力量激励我继续前行！我想，就像班老师说的那样：做自觉的教育者，即理解教育本质，懂得人的发展和成长规律，自觉地根据教育本质、教育目标要求，遵循教育原理、原则，从事教育实践活动。

再回首，背影已远走

陈海宁 （南京市江宁实验小学）

“再回首，背影已远走；再回首，泪眼朦胧……”耳边响起这段旋律，脑海里一下就浮现出班华老师的音容笑貌、临风身影。2022 年 11 月 27 日早晨，那是一个周末，在“随园夜话”微信群里看到班华老师逝世的讣告，眼泪不自觉地奔涌而出。一阵风吹过，路边梧桐树落叶纷飞，在空中打着旋儿，是否在为班老师送行？可梧桐树健硕的枝干屹然挺立，那不就是班老师常青不败的教育精神吗？再回首，班老师背影也远走，可他是“随园夜话”一盏明灯，永远指引着我们向着美好的心育、美丽的德育前行。

“永”矢弗谖，读文如见人

第一次接触“班华”这个名字，源于 2014 年。那一年，因为参加班主任基本功比赛，需要学习和积累更多的德育理论。在查找德育相关文献时，我发现了《现代德育论》这本书，它是国内早期最优秀的德育论教材之一。我阅读的这书是2001年安徽人民出版社发行的第二版。在阅读中发现这本书立论公允、内容丰富。班老师在书中系统地整理了德育理论的最新发展和研究成果，对德育的“主体—发展性”、德育和经济的关系、德育模式、德育网络、德育管理、德育评价等做了全面的理论阐述，还对“当代外国德育理论与实践”做了介绍。读完这本书，我便深深记住“班华”的名字。通过上网查询，我从文字中了解更多他的信息：他是南京师范大学教育科学学院教授、博导，中国教育学会教育学分会德育专业委员会主任委员，专业研究方向为德育原理、教育学基本理论。在国内率先论述德育“隐性课程”，提出“心育”、德育与心育结合的思想，为我国道德教育体系的建构做出了重要贡献。他编辑出版了《现代德育论》《心育论》《中学教育学》《教育学》《发展性班级教育系统》《高中班主任》等著作。

阅读，是一种师生的交往，一种精神的交流，读“文”如见“人”，班华老师的治学严谨、深厚学养深深感染了我。

“怀”才抱德，情境旧曾谙

2016年，我第一次参加“随园夜话”班主任沙龙。也正是在这里，我第一次见到了班华教授。看见他衣着朴实，身上丝毫没有专家的严肃做派。虽头发花白，但他却精神矍铄。他与前来参加随园夜话的老师们谈笑风生。温润而和蔼的神情，给人一种似曾相识的温暖。我紧张又激动地走到他面前，怯生生地自我介绍：“班老师，您好！我是江宁实验小学的陈海宁，第一次参加夜话……”他握着我的手，说：“欢迎参加，不要紧张，到随园夜话，你会享受学习，享受快乐，享受友谊。”面对这位怀才抱德的前辈，紧张的心情逐渐平静。在随园夜话不同教育科研的学术报告会中，我们大家更像品尝休闲的“下午茶”，味道独特。每一个参与者都是学习者，在活动过程中，老师们是放松的、愉快的，平等交流、畅所欲言，好不享受！班老师与大家围桌而坐，参与本次活动的教育主题讨论，时而侧耳倾听，时而微笑点头，时而参与发言，时而动笔记录，有时还将桌上的水果茶点分发给围桌老师们品尝。

在这样轻松愉悦的氛围中，每个人精神的需求得到了合理满足。

文如其人，人如其文，班华老师俊逸洒脱、品行高洁。他“享受学习，享受快乐，享受友谊”的话语也牢牢记在了我的心中。

“班”行清秀，唯敬仰在心

从此以后，每月一次的随园夜话我都争取参加。除了参与诸多班级教育、德育实践问题的探讨以外，我结识了一群班主任研究的志同道合者，与他们相伴成长，获得了专业成长，也收获了深厚的友谊。在这里，有老师们自己的生活经验和生命成长历程的对话，有初为人师迫切学习的热情交流，有作为班主任的专业自信和职业幸福的研讨。这一切都离不开班华老师以及齐学红、黎鹤龄等几位专家的引导与指正。班华老师强调“班主任专业化”的概念，鼓励并指引大家系统构建班主任专业化的理论；引导我们理解教育本质，懂得人的发展和成长规律；帮助我们明白“班主任应该是自觉的教育者和学习者”，“我们要向学生学习，因为儿童是成人之师”，“向美而行！”生命—生活—教育—艺术“要一体化”；倡导建立“亦师亦友”的师生关系；坚持向大家荐书……如今，一篇篇心育德育案例发表，一本本班主任工作书籍出版，一位位老师成长为德育名师，我在小学班主任专业技能竞赛中，也获得了“南京工匠”的光荣称号。

正如班华老师所说“一个班主任要让自己的学生幸福”，他用自己专业的教育理论、崇高的教育精神、高尚的教育品德，让我们这群学生感到无比幸福。其实，在随园夜话中，班老师正是一位班主任，亦师亦友，带着我们这群学生“向美而行”！

班老师，爱“美”，向“美”，创造“美”，领秀“班行”，领袖德育。我们对他敬仰之心油然而生。

“华”增事踵，承精神逐梦

我一直担心班华老师认不出我来，因为老师周围的徒弟太多太多。“班老师，您好！我是陈海宁。”每一次参加随园夜话，我都主动自报家门，与班老师问好。终于有一天，班华老师一看到我，抢先跟我招手说：“我记住了，你是陈海宁！”那一刻我开心极了：被自己敬仰的前辈记在心里是一件幸福的事。然而，就在班华老师刚刚记住我的时候，他却突然离开了我，离开了我们这群追随者。他温和的声音还在耳边回响，慈祥的笑容还在眼前浮现。与班老师相处的每一个瞬间，都记在我的心上，给我留下永远的记忆，那么真切，那么清晰。再回首，我仿佛觉得他还在随园夜话的沙龙上，还在班主任身边侧耳聆听大家的研讨。

斯人已去犹忆影，朵朵花开魂依旧。班华老师一生追求“向美而行”，他一生为人清正、两袖清风。怀念班老师，在自己的岁月长河里，在自己的精神世界里。我们踵事增华，秉承班老师“享受学习，享受快乐，享受友谊”的生活态度，发扬班老师热爱教育、潜心研究的教育精神，追逐班老师“向美而行”的教育梦想，在心育路上践行“生命至上”的教育理念，也许是对班老师最好的安慰，最深切的纪念吧！

亲爱的班华老师，您一路好走

郭文红（南京市芳草园小学）

2007年中秋节的前一晚，我在杨瑞清校长的行知基地附近第一次见到一位慈眉善目的老先生，那时候我并不认识他，只觉得周围的大咖都非常敬重他，而他则对每一个人都很谦逊，甚至包括刚认识的我。临走前，他还非常仔细地记下了我的联系方式，并对我说："今晚我最大的收获就是认识了你这个一线的老师。"这话把我说得有点恍惚，一线的老师什么时候地位这么高了？回去之后，我认真地打听了一下，原来这位谦逊低调的老人家是一位泰斗级的教育大咖，他的名字叫班华，他是南师大的博士生导师，他拥有一大堆的学术头衔，是一位人人敬仰的教育权威。然而，对我而言，他就是一个特别和善、慈祥，愿意和一线普通老师交流的长者。他是中国研究班主任的权威，然而却总是充满真诚地说自己没有一线的经历，因此他特别愿意听我说班级发生的事情。我自然也很愿意和他去分享和倾诉，因为在他那里，我总是能够获得满满的理解和支持。班老师总说："如果没有学生，那么哪来的老师呢？老师们都要对学生心怀感激，正是因为有了学生，才有了教师的身份，才有了自己工作实践的基础，才有了不断学习的对象，才有了成长发展的可能，所以要感谢学生。”他是这样说的，自然也是这样做的。记得有一次，他听我说班级要搞个“感动六（3）”的班会，就非要来听一听，他家距离我们学校大约有1千米，70多岁的老先生就这么自己一个人步行来到学校，爬上四楼，全程听完了班会，激动地流下了眼泪。也就是在那次，我和孩子们还第一次听到了这样一句话——儿童是成人之师。记得他在现场是这样说的：我是昨天听说你们班在今天下午要开这样的班会，我征得郭老师同意后自己来听班会，开始她不让我来，但我对你们这次班会的主题很感兴趣，我说是来学习的。郭老师最后同意了，我很感谢。根本没有想过要发言的，因为我说过我是来旁听学习的。听了这个会后，我真的被深深地感动了，我立即想到国内外的思想家、教育家说过的“儿童是成人之师”。“感动六（3）”人物的事迹，让我深深感动，也让我更具体、更深刻地理解了“儿童是成人之师”。我们大人应当向儿童学习。今天你们班上同学的模范人物，难道不是成人的榜样吗？你们的班长，那样任劳任怨，那样热心为同学服务，难道不值得大人学习吗？再比如这位女同学，虽然我不知道你的名字，也不记得你的模样，但是，我早从郭老师那儿听说过你的事迹：一个男同学打伤了你，你哭过，但当你得知他的遭遇后，你原谅了他，宽容了他，你同情他，哭得更厉害。这难道不值得大人学习吗？还有这位同学，那样勤勤恳恳，默默无闻，每天坚持擦走道，你接受了鲜花和奖状，你流下了激动的泪水，你说你从没有想到要接受表扬，因为你觉得这是自己应该做的。这是一种多么朴素的品质！这难道不是大人应该学习的吗？一句话，大人，包括我在内，都要向你们学习。你们的这个活动非常好，非常有创意，有特色，祝愿你们的班级活动办得更精彩，相信以后还能更精彩！谢谢！他不仅对学生说要向他们学习，对我这个最普通的一线班主任，也给予了最大程度的鼓励，在他为我《发现班主任智慧——追求充满人性的教育》一书写的序言中，开篇第一句话竟然是——在我的班主任朋友中，给我帮助最大的，让我学习的东西最多的，要数郭文红老师了。当她的书《发现班主任智慧——追求充满人性的教育》将要出版的时候，我自然为她祝贺！当她让我为她的书写序时，我自然是乐意的！

如此高的评价让我实在有些愧不敢当，记得那次班会课上，当时班里就有个孩子嘀咕了一句：“大人要向我们学习？”其实我心里也觉得班老师这话说得有点太学术了，儿童怎么可能是成人之师呢？他这样的权威怎么可能来向我学习呢？肯定都是我们成年人在教导儿童，肯定都是他在教导我们！

所以当他每次说要向我学习的时候，或者我看到他跟许许多多的老师说向别人学习的时候，我更多地理解为这是班老师的一种客气，一种礼节性的谦虚。然而，随着和班老师交流次数的增多，交流话题的深入，我越来越深刻地发觉，他真的不是故作一种礼节性的学术状，他真正发自内心就是这么想的，也一直在践行着这个观点，这也让我逐渐开始接受并认同这个观点。身为学术界的一名泰斗，还能随时随地保持着这种自觉学习的意识，无时无刻不在向周围人特别是学生学习的谦虚精神，给了我非常大的触动。如果说今天的我身上有了一丁点儿这样的学习意识，可以说完全就是在班老师的言行榜样示范之下，在他的人格魅力感染之下，所产生的一点变化而已。今天，看到南师大道德教育研究所写的一段话，心有戚戚焉，班华先生治学严谨、学养深厚，毕生奉献于中国教育理论与育人事业；班华先生品行高洁、严于律己、宽以待人，深受学生和后学的爱戴，堪称师者典范！他的离去，是中国教育界的重大损失。

看着班老师的手迹，忆起那曾经的一幕一幕，想到从此天上人间，再难相见，泪水就会止不住地流淌……

亲爱的班华老师，您一路好走！我们永远想念您！

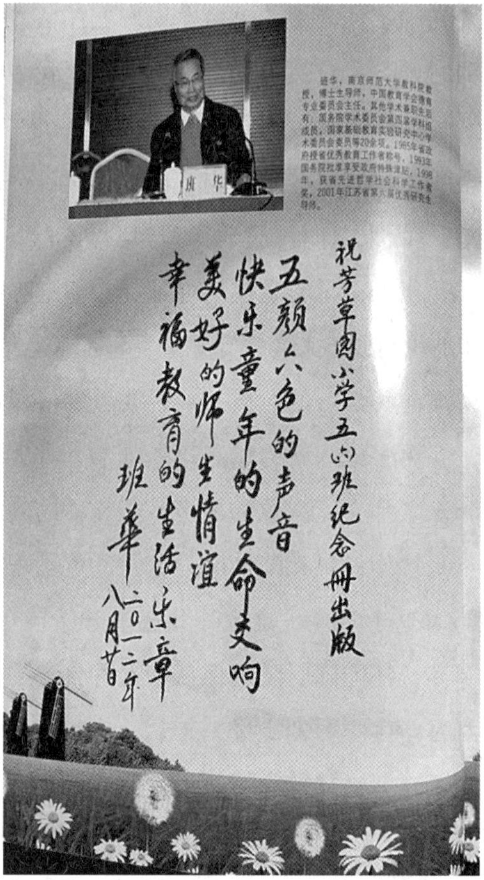
班华
班华，南京师范大学教科院教授，博士生导师，中国教育学会德育专业委员会主任。其他学术兼职先后有：国务院学术委员会第四届学科组成员，国家基础教育实验研究中心学术委员会委员等20余项。1985年省政府授省优秀教育工作者称号，1993年国务院批准享受政府特殊津贴，1998年，获省先进哲学社会科学工作者奖，2001年江苏省第六届优秀研究生导师。
祝芳草园小学五(六)班纪念册出版
五颜六色的声音
快乐童年的生命交响
美好的师生情谊
幸福教育的生活乐章
班华
二〇一二年八月廿日

班老师的字

雨中的哀思

——送别敬爱的班老师

郭文红 （南京市芳草园小学）

前天（2022年11月27日），班姐姐告诉我班老师的遗体告别仪式将在周二（今天）上午举行，她非常体谅地跟别人说，路途那么远，你们就不用去了。但她可能不知道我的想法，我又怎么舍得错过最后一次再见老人家的机会呢？后来，班姐姐又告诉我，由于疫情的原因，遗体告别仪式只准许20人前往，我一听心里立刻凉了半截，我知道班老师的学术地位实在太高，又深受学生们爱戴，这20个名额估计怎么都轮不到我的头上，我有些暗自神伤。班姐姐可能看出了我的心思，她说正好家人中有一个年事已高，她们已经婉言劝慰老人家不要去了，如果我一定想去的话，这个名额就给我吧，那一瞬间，我激动得眼泪都要掉出来，心里想：班老师，我终于可以来看您最后一眼了。昨晚天气突然降温，雨噼里啪啦地一直下个不停，我因为心里惦记着今天一大早就要赶到班老师家去，也没有怎么睡好，迷迷糊糊中还想着万一自己睡过头不仅错过见班老师的最后一面，还会浪费一个宝贵的名额。就这么稀里糊涂地，不知不觉时间已经到了4点多，赶紧起身洗漱，冒着大雨，顶着黢黑的天，我出门了。黑夜中不断弥散的寒气像一只无形的手，深刻地让你感受到它的威力，风雨裹挟着寒流不断地侵蚀着肌肤，我蜷缩着、战栗着，带着一些期待，又带着一丝忐忑，又一次来到了这个非常熟悉的小区。穿过黑黢黢的走廊，我站到了小区的楼下，抬眼向上望去，突然看见有一间屋子里亮着光，风雨中、暗夜里，那是多么温暖的光啊，我心头一颤，这束光不正是从班老师的家里飘出来的吗？三步并作两步，我冲进了电梯，轿厢门开之后，我看着门前并无异样的摆放，望着门缝里散出温暖的光亮，我突然精神有些恍惚，下意识地上前敲门，“咚咚咚，咚咚咚”……寂静的楼道里，我的敲门声显得格外清脆，我习惯性地把耳朵贴近了大门，想跟往常一样，听到里面的动静。然而这一次，门内却传来一片沉寂，再没有了平日里那拖拖沓沓的脚步声，没有了那熟悉的窸窸窣窣的开门声……在那一刹那，我突然悲从中来，痛苦地呆立在房门口，意识逐渐清晰——班老师，您已经不在家里了。后来，班姐姐帮我开了门。我站在屋子中间，目之所及的每一个角落仿佛都能看见班老师的身影，每一件物品好像都在倾诉着过去的点点滴滴——那关怀的目光，那和善的脸庞，那微笑的面容，那谦逊的话语，还有那些无私的帮助，那些真诚的关心，那些深邃的思想，那些倔强的坚持都一一重现……

班老师家客厅

回想着曾经的一幕幕，看着眼前的物是人非，想到从此天上人间再难相见，想到今后再也没有机会来班老师家了，再不能和他围坐在桌前聊天畅谈，再不能陪他一起快乐唱歌，再不能搀扶着他下楼去小渔村吃饭，巨大的悲痛感再次袭来，泪水淹没了我眼眸，也淹没了我悲伤的心……

6∶40，我们来到了殡仪馆，经过一番核酸、绿码的折腾之后，终于进入遗体告别厅。

班老师的学术地位实在是太高了，北京师大、华东师大、华南师大、华中师大、东北师大等多家高校都发来唁电，班主任杂志社、江苏教育报刊社、中国德育等多家媒体敬献花圈，还有许许多多的班老师的学生，现在的人数虽然限制为 20 人，但还是有很多人冒雨自行前来，这副情形让在一旁的工作人员都有些吃惊，用朴素的言语在一旁议论着：这老师肯定是一位好老师，你看有这么多的挽联，这么多的人……告别仪式正式开始了，领导的发言回顾了班老师精彩的一生，强调了他的逝去是中国教育界的重大损失；弟子李学农饱含深情的发言真正让人感觉到一种切肤之痛，痛彻心扉，也让现场的我们再次难抑自己的泪水；班姐姐的发言一如既往地低调、谦逊，完全承袭了班老师的高尚人格。我站在 20 人队伍的最后一排，凝望着班老师笑吟吟的相片，心里揣度着一会见到的班老师会是什么样子呢？这是我在这世上最后一次见他，我一定要用心地看一看。突然想起了电影《寻梦环游记》的一句话："在爱的记忆消失前，请记住我。"这个电影给我很深的触动，那就是亲人逝去并不可怕，因为有亡灵世界，其实他们仍然在开心地活着。但一旦这个人再也没人缅怀、纪念，他就会走向真正的死亡，直至彻底消失。也就是说，遗忘才意味着真正的死亡。我想从这个意义上来讲，亲爱的班老师永远不可能死亡，因为他一直活在我们的记忆之中，他留给我们的关于爱的记忆永远也不会消失。终于到了向遗体告别的环节了，顺着人流，我来到了班老师的身旁，这是我第一次见到他睡着的模样，只见他安详地躺在那里，双目紧闭，一动不动，脸庞显得比平时略微有些肿胀，但五官还是那样清秀俊朗，一如他年轻时的模样，特别是他的鼻子，挺拔周正，映射出他这一生刚正不阿，清廉高洁的品质。

我们将小白花轻轻地放在素来爱美的班老师的身上，然后向他的遗体三鞠躬，在心里向这位德高望重的长者默默告别，感恩他带给我们的一切美好，也祝愿他老人家一路好走，祝他早日与师母在天堂团圆。带着我们无尽的哀思，我们送别了敬爱的班华教授。

雨一直在下，丝毫没有要停歇的意思，亲爱的班老师，您知道吗？这都是我们心中不舍的眼泪啊……

追忆敬爱的班老先生

杨秀梅（南京外国语学校仙林分校）

2022年真是不堪回首的一年。这一年，发生了太多太多的事情，敬爱的班华老先生也永远离开了我们。除夕前一天，翻看照片，又想起了班老师亲切的笑容，温和的话语，殷殷的嘱咐。

印象中，班老师几乎参加了每一次的随园夜话班主任沙龙活动，每次沙龙活动的最高潮就是齐老师和班老师的专家点评。班老师就像家中亲切的长辈，随园夜话沙龙的成员们经常去看望班老师。每一次，班老师都很开心，亲自张罗，还将每次看望他的人的姓名和电话记在一个本子上，说自己年纪大了，怕忘记。天气好的时候，班老师还会和大家一起到附近公园走走，聊聊开心的事情。

班老师是一位非常热爱生活的长者，2020年12月6日我负责接待了随园夜话100期纪念活动南外仙林分会场的拍摄，活动期间陪班老师参观校园，一一讲解，在走到国际部主楼大厅时，班老师看到一架钢琴，饶有兴致地停了下来，即兴弹奏一曲，黎主任则在一旁欣赏，我赶紧抓拍了一张照片。

我们担心班老师会累着，搀扶着他缓缓走，他兴致很高，拍摄任务结束后，还跟我们一起摆了姿势，拍了合照。

2021 年 9 月 25 日随齐老师、袁老师等看望班老师时，我们进行了关于美学与美育的微型沙龙研讨。其间，我将自己拍摄的南外仙林风景的明信片赠送给班老师，班老师很喜欢，还和我一起回忆起哪些是他之前参观校园时看过的美景。

一张张照片，让我再一次感受一个个温馨的瞬间。至今想起来仍让我感动和唏嘘的是，2022 年夏天的一个下午，我竟然接到了班老师的电话，他还记得我身体不好，叮嘱我要注意身体，平衡好工作和生活，享受生活的同时，更好地工作等等。彼时的我，用心聆听，眼泪不知不觉就流下来了……

直到现在，我感觉班老师仍在我们身边，眼前仍经常浮现他的音容笑貌，耳边仍响起他亲切的话语。如今，他已成为天上那颗最明亮的星星，指引着我们继续前行。

特点、优点与缺点

顾霞 （南京市莫愁中等专业学校）

“职校生不好教吧。”当亲朋好友知道我在职业学校做老师时，他们都会说上这么一句。嘴碎一点的还会继续说，“这些小孩不学好，抽烟、打架、逃课，成绩差死了……”唉，又一个以“一斑窥全豹”的。平时，同事们一边批改学生的试卷一边“怒其不争”，“这些小孩儿，学习态度太差了，不把心思放在学习上，一天到晚净想着玩儿……”尽管一开始我心里对这些说法并不认可，可是，当我一次又一次处理各种偶发事件之后，心里难免也产生了上述想法。于是，在写工作总结、教育案例、教育论文时，往往不由自主地把日常偶发事件中的少数学生泛化为“职校生”，将职校生描述成“学习成绩差、常常打架斗殴、早恋、热衷于奇装异服……”的学生。

2005 年，班华教授主编《今天，我们怎样做班主任》这套丛书。南京市莫愁中等专业学校时任副校长朱倩倩主编该套丛书的“中等职业学校卷”分册。我有幸参与该分册的编写工作。一天，朱校长让我带着初稿与她一同去拜访班教授。班教授的大名我早有耳闻，大学时代读过几本班教授撰写的书籍。能够拜访资深学者班教授，我激动的心情可想而知。当得知我们是到班教授家里拜访时，我更加激动——班教授是何等平易近人才会让陌生的我们入户拜访啊！

进入班教授家，迎面而来的是一面书墙，以及书墙前的一张长方形的餐桌。餐桌的四周放满了各种或翻开或合上的书籍。班教授移开部分书籍，我们围着餐桌坐下。那一刻，我想象着班老师一年四季常常与“弟子”们围坐于此，或畅谈或研讨的情景。而我，如今也有幸置身于此，聆听班教授的讲授指导。

班教授看了我的初稿后，严肃地说，是不是大部分职校生都具有书稿中所描述的这些缺点呢？今天，我得为职校生正名，确实有少部分职校生有这样那样的缺点，但他们的优点也有很多。比如，他们热情、有礼貌、脸上常常洋溢着笑容，他们充满活力与创造力，他们乐于助人，他们可塑性很强……他们在文化学习上不具有优势，课程基础薄弱，学习不得法，这些都是他们的学习特点。职业学校的老师，在教学上要结合他们的学习特点因材施教；在德育上要扬长避短，发挥他们的优点……关于职校生的特点、优点和缺点，班老师谈了很多，这一切都让我记忆犹新，但最让我刻骨铭心的就是这句“职校生也有他们的优点啊”。

是啊，“职校生也有他们的优点啊”。那个课堂上调皮捣蛋的小 A 课后见到我总是很真诚地向我问好；那个曾经打架斗殴的小 B 在班级常常热心助人；那个喜欢浓妆艳抹的小 C 手工做得非常精美……一个个鲜活的面孔印入我的眼帘。班教授语重心长的话语让我重新思考自己的学生观，并指导我逐步形成新的科学的学生观。自此，在很多场合，只要有机会，我都会宣传班教授的观点——职校生有自己的独特的特点，更有职校生的优点。在我自己走上德育管理岗位之后，我常常引导班主任队伍、德育管理队伍、全体教师队伍科学地认识我们的职校生。

2012 年开始，全国职业院校技能大赛开始举行，社会各界通过技能大赛领略了职校生敏捷的思维能力、灵巧的动手操作能力和和谐的团队协作能力。全社会对职校生越来越认可，国家越来越重视中等职业教育。回望班教授对“职校生”的认识，他的教育理念不仅先进超前，更重要的是他的内心对职校生有着深深的呵护与关爱，对职校生充分尊重与认同。可以说，班教授是职校生生命成长中的重要贵人。

当然，班华教授也是我职业生涯发展的重要引路人！在此，我表示诚挚的感谢，沉重的缅怀悼念！

一缘 一面 一生

——回忆和班华教授的精神往来

何明涛（南师附中江宁分校）

2013年，教育之风把我从遥远的四川带到了南京。

我第一次走进“随园夜话”沙龙，看见一群人围坐在一起，围绕沙龙话题的辩论声此起彼伏，与会者争得面红耳赤之际，基本也就到了“专家点评”的环节。每每这时，齐教授和班教授的实践剖析与理论建构，令听者顿生醍醐灌顶之感。我被这样的“自由式辩论”所深深吸引，接连参加了好多期“随园夜话”，由“观战者”慢慢变成了“参战者”。2017年我竟然成为沙龙主持人，主持第76期“随园夜话”。

2020年新冠疫情暴发，沙龙活动被迫从线下转入线上，6月21日晚，第94期“随园夜话”线上沙龙活动由我主持。齐教授在总结点评时说：“感谢何校长组织了这么强大的阵容，这次沙龙是‘随园夜话’有史以来校长参与人数最多的一次沙龙。从地域角度来说，有来自深圳、上海、新疆、青海、四川、浙江、安徽、常州、镇江、徐州以及南京的教育专家、德育管理者、班主任老师，专家发言力量之强大，是‘随园夜话’史无前例的，创造了‘随园夜话之最’。沙龙活动一共有12位老师发言，发言很有质量，老师们都做了精心准备，我很享受这个交流的过程。”被沙龙活动卷入的感觉让我感觉很幸福，催人成长。

我留意到，在我参加的每一期沙龙活动里，几乎都有班华教授的身影。无论活动地点是在南师大，还是在江宁、浦口地区，班教授都会提前到达，衣着简朴的他总会坐在前排，望着从门口进来的每一位参加活动的老师，或微笑招手，或点头致意，或起身让座，让我们有一种回家的感觉——事实上，“随园夜话”已然成为我们的精神家园。“随园夜话”沙龙活动，牵起了我和班教授的结识之缘，让我每每遇到教育难题时，总会想到向他求教。

2021年11月6日，因为要在月底主持第106期“向美而行”话题的沙龙活动，我和冯锟老师以请教之名，特意去拜访了班华老师。我俩刚进小区，和门卫说要拜访“17–701”的主人，门卫大叔就说：“你们来看望班教授啊，我带你们去。”他热情指引我们到班教授的楼下。我俩打趣道：“看来班教授真是名人，我们获得的待遇真高。”

敲了三次门后，我们就听见客厅内传来窸窸窣窣的脚步声。班教授开门看见我们，有些激动地说：“欢迎你们和我聊天。”保洁在打扫卫生，班教授就拉着我们进书房，开始翻找起他的“宝贝”来。我留意观察了一下他的家里，除了客厅就是书房——每个房间里都有书报，除了一面墙的书柜里有一层一层的书籍外，还有沙发上一摞一摞的书籍，那些泛黄的报纸也堆叠整齐，随时等着班教授翻阅。

班教授首先兴致勃勃地向我们比较并且介绍了瞿葆奎编著的《教育学的探究》和黄济著的《教育哲学通论》，然后从一堆书里翻找出来自己主编的《中学教育学》三个版本。看着他颤颤巍巍地搬动书籍，我们想要上前帮忙。他却挥手阻止：“只有我清楚放在哪里。”于是，班教授慢慢猫着腰，钻进书堆里一阵摸索后，有些吃力地取出了那本泛黄的书递过来，我们如获至宝地一边翻看一边听他“说书”。

我拿起班教授的《享受和班主任朋友共同成长的快乐》翻看起来，不禁被他的批注震撼了：班教授在“班主任朋友”旁边批注“亦师亦友”，在“班主任原理”旁边批注了“首次提出”。又在下面空白处手写了陶行知先生的名言：“真教育是心心相印的活动，唯独从心里发出来，才能打动心灵的深处。”这句名言我早就熟记于心，可是看到班教授手写体时，我感觉字字刻入了心灵深处，是那么的清晰、具体、可感……

当我们抛出话题“向美而行：审美视域下的班集体建设”时，班教授不急不缓地阐述观点：人是有精神的生命，也是有文化的生命。向美而行，内涵广泛，德、智、体、美、劳都是美的方面。我个人是赞成把“体”放在第一位的，毛主席也说过：健康第一，学习第二。美是道德的最高境界，对童年影响很大，我们要立美、成美。我认为心育很重要，我做了 63 年的心理教育研究，提出了“整体融合型心理教育”，这才是真正的优化精神，向美而行。说罢，他又找出汪刘生著作《教学美学》，希望我们深入研读。

不知不觉在班教授家里畅聊了两个多小时，我们起身告辞，他挽留我们吃饭，看我们再三推辞，便要求送我们出门。我们在门外电梯口请他留步，可是他执意送我们下楼。一直到了单元门口，他站在那里挥手告别，直到看不见我们为止。出小区大门时，我忍不住好奇地问了门卫大叔：“为什么你们都对班教授和他的朋友如此热情？”他说：“因为班教授从来都不摆架子，很尊重我们，我们当然敬重他。”我们在找到答案的同时，似乎更深一层理解了班教授所著的《提高德性素养　享受道德人生》的要义。

11 月 27 日，惊闻班教授逝世噩耗，我的脑袋“嗡嗡”作响。怎么会这样？我们还计划着 12 月份去看望他，和他分享上次提到的几本书的阅读心得，还要给他捎点喜欢的有机红薯……和班教授的沙龙之缘，所见的一面，如放电影般在我的脑海里不停回放。我一遍遍念叨着他的“语录”：优化精神，向美而行；做立德树人的自觉教育者、学习者；享受和班主任朋友共同成长的快乐；感谢批评我的人……

班教授离开我们了，永远离开了。顾青老师深谙班教授对心育研究的执着与坚守，改写了他生前最爱的歌曲《太行山上》的歌词，由国家二级演员——江宁分校徐迟老师倾心演绎，成为班教授的“专曲”。

在心育路上（曲：太行山上）

红日照遍了东方，自由之神在纵情歌唱！
看吧！莘莘学子，师长迷惘！
心育的火种，燃烧在德育路上！
豪情千万丈！听吧！
心育途径千万条，班级建设有良方；
我们在心育路上，我们在心育路上；
志高气又足，体强心也壮！
教育在哪里发生，我们就用心在哪里发光！
教育在哪里发生，我们就用心在哪里发光！
我们在心育路上，我们在心育路上；
志高气又足，体强心也壮！
教育在哪里发生，我们就用心在哪里发光！
教育在哪里发生，我们就用心在哪里发光！

每每想念班教授，我便会哼唱这首歌曲，走到书房捧起班教授的著作静心阅读，耳边似乎又会传来他的谆谆教诲。这一缘，一面，影响着我的一生……

2023 年 1 月 8 日

斯人犹未远，“班花”永绽放

罗京宁 （南京市秦淮教师发展中心）

2022 年 11 月 27 日冬月初四，班华老师走了。

初次认识班老师是 2008 年的冬天，我的硕士生导师高谦民老师，邀请班华、齐学红老师给我所起草的教育部文件《关于加强中等职业学校班主任工作的意见》提修改意见。三位教授给我一人辅导，让我倍感荣幸和珍惜。班老师面容和蔼，一口地道的南京话更显亲切，让我不再紧张与忐忑，认真聆听班老师谈德育和班主任工作。“班主任是全面关心学生成长的主要教师，是呵护学生心灵的精神关怀者，是影响学生的重要他人，是学生发展的人生导师……”班老师的话语不仅蕴含着哲理，更饱含着对班主任们的期待和对学生们的关爱。高老师和齐老师在发表修改意见时，不仅对班老师观点非常推崇，而且倍加尊敬，这让我对班老师心生崇敬。

2010 年我到初中任职，随吴虹校长开始参与“随园夜话”班主任沙龙活动。在沙龙活动中，我们能经常聆听班老师这位退而不休、在学术上勤耕不辍的长者谈德育谈人生；也在齐老师的带领下，我们一起为班老师庆贺 80 岁生日。在生活中，我们一起在青年旅馆的草坪上聊教育、话家常，看班老师与孩子们在草地上欢笑；也一起参加了班老师夫人的告别仪式，那也是个寒冬……

真正和班老师熟悉起来，是在班老师的夫人去世之后，暖心的齐老师嘱咐随园夜话的成员们，分批每个月去看望班老师，趁聊天之机也方便向班老师求教。那年春节前，好友尹湘江老师约我和几位沙龙成员一起去给班老师拜年，这是我第一次走进班老师家。班老师先端给每人一个小盘，里面整齐叠放着一条温湿的白色小手巾，“擦擦手再吃”，班老师微笑着嘱咐道。然后他热情招呼大家落座，亲自端茶倒水，端上干果和水果，忙得不亦乐乎。班老师礼节周到，让我们这些晚辈心头一热。稍叙片刻，在我们的要求下，班老师带大家来到书房。班夫人遗像前摆放着鲜花，我们恭恭敬敬地鞠躬，班老师深情地望着夫人遗像，介绍我们，仿佛夫人尚且在世……

看着班老师家里的日历，每周都会有本地的、外地的朋友、老师、学生来家中做客。坐在大师的身旁，望着老人家慈祥的脸庞，听着熟悉的南京话，那种祥和，着实给了我们不一般的享受。班华老师著作等身，他是“心育”的提出者和倡导者，提出了“学生发展性评价”“发展性班级教育系统”等观点和理论，深刻影响了中国德育。

每次去他家，班老师总要留我们吃饭。有一次我们确实推脱不了，就在小区外的菜馆里吃了一顿。班老师是位不拘小节的人，吃东西也不忌口，红酒啤酒也可以陪你喝上一小杯。餐后，老板怎么也不收我们的钱，因为，班老师早就嘱咐过了。不论是餐馆老板，还是小区门卫，都对班老师很熟悉：一是班老师为人十分谦和，二是平时来拜访班老师的人很多。

“随园夜话”班主任沙龙多数在晚间举行，班老师几乎都会参加，随大家一同在中小学里吃盒饭，在南师大举办就吃点心，从不挑剔，更无怨言。认真听、仔细记下我们的发言，每次结束前他都会踊跃发言，话语中鼓励的多，满满都是温暖。班老师是随园夜话的“定海神针”。

自从加了班老师微信，发现班老师每天早晨5点多，坚持在微信群里发德育、心育书籍介绍，拍照片、发图文。他一早起来想着的就是“德育”“心育”，我们一早看见的就是大师的指引，让我们幸福不已。

湘江老师乔迁新居，邀请班老师和我全家去做客。班老师初见湘江父亲就与他相谈甚欢，仿佛多年老友一般。看见我女儿在摆弄钢琴，班老师即兴弹奏了一曲，美妙的乐曲让我们大为惊叹，不禁鼓起掌来：“班老师原来还多才多艺啊！”“多年未弹，生疏了。”班老师谦虚地说道。

翻阅班老师给我们《体验式班会设计》的题词、给我们工作室的赠言“学习冬梅”，温暖与勉励的场景一幕幕重现。班老师曾谦虚地说过，他虽然研究德育心育，但遗憾没当过班主任。我接话道：“您的学术引领让全国班主任在工作中百花盛开，还有您的姓名‘班华’谐音‘班花’，您就是我们班主任们最敬爱的‘班花’。”

撰文纪念班老师，在追忆中重温班老师为人治学中的人格魅力与精神，汲取力量，伴我前行。虽然再也见不到听不到班老师的音容笑貌，听不到他的谆谆教诲，但“班花”将永远在我们心中绽放！

友人忆往

追随班华先生，做一名终身学习者

康秀兰（山东省潍坊市奎文区卧龙学校）

2022年11月27日早上，惊闻班华先生突然离世，顿时不知所措。多方打听，知道吊唁仪式限制人数，疫情期间又不能外出，我万分悲痛，心情难以言表。时至今日，还是觉得要写点文字，以表缅怀之情。

我是一名普通的小学老师，原本与德育界泰斗班华教授本身不会有交集。但是，在2020年3月1日晚上，我的一篇工作日记分享到了与班华教授同在的一个微信群里，班教授在群里给予我分享的文章点赞，夸我是一个很有教育爱心的老师。3月2日，我怀着崇敬的心情申请与教授加为微信好友。教授对我说："康老师是小学班主任，多好！我做了多年的老师，有几个不足或遗憾的地方，其中之一是没做过中小学班主任。康老师勤奋、刻苦、智慧、善思，我们应该做自觉学习者……"

教授和我聊了一会儿，因为有别的事情去做，教授和我约定3月3日下午4点继续交流。

从2020年3月3日的那天开始，我好像回到了上学时代。每天下午的3点50分，我坐在板凳上，打开电脑，登录微信，等待先生给我上课。先生从《毛泽东选集》开始给我讲起，到后面逐一讲他的著作，如《享受和班主任朋友共同成长的快乐》《优化心理素质 享受幸福人生》《提高德行素养 享受道德人生》，以及他为其他很多老师出版的书写的序、在报刊上发表的文章等，一句一句、一段一段地给我讲解……

从教多年，我虽有一颗热爱教育的心，但因没有上过师范院校，对教育学、心理学等方面的知识掌握得不够扎实，而先生恰恰是国内这两方面的顶尖专家。所以，在跟随先生学习的日子里，我学得艰难，先生同样也教得艰难。先生对我特别严厉，特别是当我回答不上他提出的问题时，先生严肃且生气的模样，更加使我大脑一片空白……我想，我可能是先生遇到过最愚笨的一个学生吧?!

我有点害怕这位严厉的先生！所以，每天我都会认真学习先生给我布置的作业，并写下自己的思考内容。慢慢地，先生在给我上课时对我露出了笑脸。看来，我这个愚笨的学生终于有了些许进步。

南京拜访班华先生

康秀兰 （山东省潍坊市奎文区卧龙学校）

随着和先生交流的时间越久，我对先生的了解也越来越多。

班华，南京师范大学教育科学学院教授、博导，中国教育学会教育学分会德育专业委员会主任委员，专业研究方向为德育原理、教育学基本理论。

先生一代大德，高山仰止！

先生经常对我讲，他最大的遗憾就是没做过中小学教师，所以，先生在得知我疫情期间要线上家访时，他提出要和我一起去家访。在家访的过程中，先生给我的家长们做了很多家庭教育方面的指导。

充实忙碌的日子总是过得很快，2020 年的暑假终于来到了，我终于可以出远门了。所以，我决定暑假出行的第一站是去南京。南京，是千年古都，也是先生居住的城市。2020 年的 7 月 11 日上午，我乘坐高铁到了南京，傍晚，我终于见到了先生。虽之前都是线上跟随先生学习，但线下的初次相见，我们彼此之间并不陌生。和先生共进晚餐后，他老人家竟然拿出一本打印的

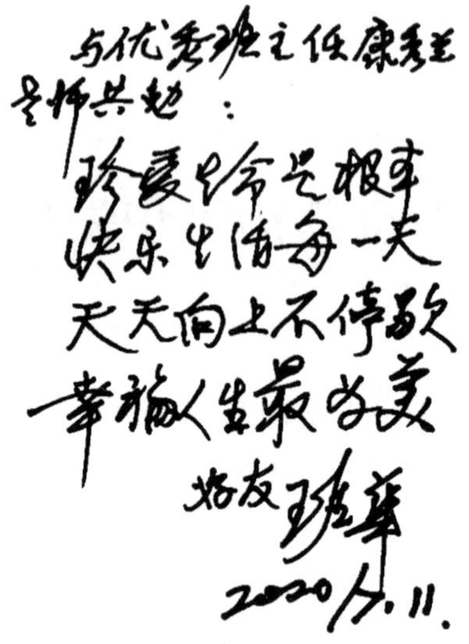
与优秀班主任康秀兰老师共勉：

珍爱生命是根本
快乐生活每一天
天天向上不停歇
幸福人生最为美

好友班华
2020.5.11.

先生的赠言

歌本，这可难不住我，唱歌可是我的强项。这次拜访先生还算轻松，先生没有对我进行过多的说教，而是给我提出了一些他对我的期望，要求我一定要出版一本属于我自己的专著。

不知不觉中，2021 年的暑假又来到了，我出行的第一个远门仍然是南京。2021 年 7 月 7 日，我再一次见到了先生。先生依然精神抖擞，我甚心安。可此次之行后，因为疫情，我再也没能远行，也就没有再见到先生。

得知先生逝世的噩耗，我很难过。先生曾经经常教导我：“珍爱生命是根本，快乐生活每一天，天天向上不停歇，幸福人生为最美。”近三年，在先生的鞭策之下，我利用工作之余读书、写文章，并且在省级、国家级刊物上发表了十几篇文章。但是，先生对我的期望是能出版一本属于我自己的专著，并且建议书名为《班级教育艺术》。可这几年，我只顾忙于琐碎的事情，而把自己的初衷、先生的期望忘记了。现在想来，心甚不安！

在今后教育工作的生涯里，我将牢记并践行先生经常对我的教导：“自觉学习者时时、处处、事事都可学习。”追随先生，我要做一名终身学习者！

谨以此文，缅怀先生！

怀念班华老师

李召学（山东省东营市胜利花苑中学）

今天听同学说，班华老师因心脏病逝世！听后我深感悲痛！班老师的音容笑貌和工作、生活中的点点滴滴一幕幕浮现在我的脑海。

班老师是上个世纪 50 年代大学生，毕业后一直在大学从事教育学方面的教学研究工作，特别是在心育、德育原理方面有独到的建树。第一次见到班老师是大一下学期，班老师教授我们“教育学”课程的德育原理部分。班老师讲课总是不急不躁，和风细雨，娓娓道来，声音低沉而坚定。大三的时候，班老师教授我们“教育科研方法”，他建议我们多读书，多收集资料，特别是注意收集工作、生活中的一手资料。他教我们从如何读书和摘抄文献，如何选题，如何写教育论文。班老师在南师大北大楼二楼给我们上课的时光仍历历在目。

班老师为人平易近人。1989 年下半年，班老师再次被任命为我们系的系主任，在小礼堂召开的师生大会上，班老师讲道：“当系主任就是为大家服务，我就想在职期间为老师和同学们做点实事。”那时，我们的老师多是班老师的学生：如教“普通心理学”的乔建中老师，教“教育学”的尹宗利老师，教“教育社会学”的吴康宁老师，教“社会心理学”的傅宏老师，教“教育统计”的王晓柳老师，教“中国教育史”的高谦民老师，教“小数教法”的李星云老师，教“教学论”的吴永军老师，等等，都是班老师的学生，但班老师从不以老师自居，对每位老师、每位学生都十分尊重，善于听取老师和同学们的建议和意见。

班老师不仅关心教职工，还十分关心学生的生活、学习。大三上学期，我们班的一位同学，编写了一本《班级教育学》，班老师认真地为他修改，并撰写了序言，为他联系了南京大学出版社，使这本书顺利出版。1990 年暑假我没有回家，留在学校搞勤工俭学。一天上午我去学校西山教师公寓拜访班老师，班老师非常高兴，热情地招待我。南京的夏天天气十分炎热，班老师打开电风扇，让我靠近电风扇一点，消消暑；又从冰箱里拿出冰镇的饮料给我喝，就像一位长辈关心自己的孩子一样亲切。班老师和我聊学习，问我夏天在南京生活得习惯不习惯。班老师鼓励我，暑期空闲时，可以多读些书，并带我到他的书房，打开书橱说“我这里的书如果你有喜欢的可以拿去读”。我从班老师那里借了一本《新华文摘》，读了很多好的文章。

1990 年冬，部分同学在连云港海州师范学院实习。他到学校看望同学时，每见到一位同学总是问其生活如何。苏北天气冷，他问同学宿舍冷不冷，嘱托他们要多盖一床被子；吃饭习惯不习惯，师范学院的条件不如大学，希望同学们克服生活上的困难，并希望师范学院的领导多关照实习生的生活和教学。

大学毕业后，我很少和班老师联系，只是偶尔在《教育研究》上读到班老师写的论文。1995 年夏，我到省教科所参加会议，顺便到《山东教育科研》编辑部当面投稿。在编辑部和刘编辑聊天，谈到我曾是班老师的学生，刘编辑非常高兴，并对同办公室的候老师说“这是班华老师的学生”，言谈之间蕴含对班老师的尊敬。刘编辑高兴地收下我的稿子，并帮我斧正。其实，我只是有幸听过班老师的课，算不上真正意义的“弟子”。我那篇论文的发表，可能是沾了班老师的名声。2000年初夏，忽然收到班老师的来信，班老师询问我的工作和生活情况，希望我在业务上多努力。并告知我，学校要办在职研究生班，希望我能报考，继续深造。看到来信，我十分感动，毕业多年，班老师还记得我。遗憾的是，因多种原因，我也没能再次成为班老师的学生。

之后我只是偶尔和同学询问班老师的身体情况，从网上看到班老师参加一些学术会议的情况。大约2012年我从网上看到一段文字，班华老师曾被车撞伤住院，责任全在对方。一位70多岁的城里老人被撞，又住院，对方很害怕焦虑。当班老师听说对方是一位来自农村务工的，就对他说，你不要担心，我不会让你赔偿的。

从班老师的身上，我更深刻理解了“学高为师，身正为范”，从班老师身上学到了作为一名德育工作者应具有的品德和工作精神！

班老师千古！

2022年11月27日

初见疑是故人来

曹春梅 （山东省青岛市第十七中学）

2018 年 10 月 25 日，趁着出差的空隙，工作室导师南京航空航天大学附属中学的罗京宁书记引荐我拜谒了南京师范大学班主任研究中心的班华教授。房间大，书报多，是以前读书时候南京师范大学中文系老先生给我的印象，想来班老师家也如此，情况果然如此。然而班老师待客礼数却非常周到，亲自递给客人热毛巾擦手，端来水果，又要请吃饭。那天在座的人还有南京师范大学齐学红教授，金陵职专刘娟老师，齐教授的学生仝磊、于雪。班老师兴致很高，但话并不多。

第二天我思量再寻访一次班老师，学习长者的学问风度。正这么想着，班老师打电话来，告诉我南京市第二十九中学分校邀请他参加一个活动，建议我也去，看看校园文化，或可受益。我便欣然前往，在电梯口见到班老师，落座后聆听陈善卿教授报告。

静静坐在班老师身边，我心里感到莫名踏实。周围人对他特别尊敬、关心和爱护。他本人也特别谦虚、和气、平易近人，对谁都一视同仁。加上身材脸型多多少少有点像先祖父，因此让人格外安心。一天的会，对 80 多岁的老先生也是体力上的考验。班老师发言完，偶尔起来活动活动，无论是坐还是行，举止十分庄严体面。

午饭后我在校园里散步，果然发现若干妙处：大尊的金色孔子雕塑立在花海之中，黑色大理石刻《兰亭集序》卧在悟鹅亭下，学生发展中心的书架小巧玲珑，润墨堂方木刻学校发展使命——培养有根的文明人，塑造有魂的特色校。那天阳光正好，班老师主动指点，到学校里照相。他知道大家拿着他当宝，也大方地与众人合影。

午休散步中路遇几位与会的校长和老师，大家见了班老师很开心，停下步伐与他聊天，得知班老师 50 岁的时候开始自学教育统计学，不仅自己弄明白了这门学问，还编讲义，出书教学生。这引得大家跃跃欲试，恨不得也赶紧学起来。大家赞美班老师勤奋，他却说自己还不如朱永新教授，同他一起开会住一个房间，朱教授大清早就起来读书。

说着走着，总有人要帮班老师提包。班老师坚持要自己拿，自己能做的事情还是由自己做。我们说，这是大家向他表达情感的一种方式。他一本正经地说，自己晓得了。那下一次就多带几个包包，见了面每人分一个包，说得大家都笑了。

孔子雕塑的侧面挂着三副横幅，班老师提议去那里拍几张照片，一来横幅上的标语讲的都是如何做人做学问，内容很好；二来中间那句是“有朋自远方来，不亦乐乎”?

下午，在班老师的建议下，我用了 10 分钟以远道而来的山东代表的身份发言。感念班老师的一番情意，虽然准备时间短，但是我对此并不敢怠慢，于是针对特别教育分享了两个班主任工作中的经典案例，表达得比较好，获得全场掌声，心里很高兴，很感激。

傍晚与陈善卿教授、王鼎宏校长吃晚餐，班老师请客，地点还是在他小区里的酒店，吃淮扬菜。老板迎接他们，班老师对她讲“这是我的朋友”，原来这是他们之间独有的密码，有了这句话，谁抢着买单都不会成功，这是班老师的美意。

有快言快语的陈教授在，班老师谈兴十足，思维清晰缜密，语速快逸。当下，我们培养“德智体美”全面发展的社会主义建设者和接班人，怎么没提“劳”呢？对于这个问题，班老师讲，“劳”不应该单独拿出来，它分布在德智体美发展的各个阶段。热爱劳动，这就是德育；运用智慧把劳动做好，这是智育；良好的身体是劳动的前提，这就是体育；劳动本身还是美的，是美育。

那么“德智体美”谁排第一位？班老师毫不犹豫地说“体育”。他说我们现在的教育过于重视考试，忽视体育和美育。一个学生去医院检查，他的身体的各项指标都是健康的，但是他要不要上体育课？答案是肯定的。因为体育发展人的潜能。发令枪一响，起步迟了就慢了，这就是训练学生准确灵敏的心理。学习体育，就像学习英语，没有止境。健康与体育是为学生的全面发展提供物质基础的。上世纪五四运动之前（1917 年 4 月 1 日《新青年》第三卷第二号）毛主席发表文章《体育之研究》提出“体者，载知识之车而寓道德之舍也”强调身体是发展的载体。20 世纪 50 年代，中苏友好，中国学习苏联，将小学六年制改成五年制。这种改变使得学生学习很紧张，而且那时候学生营养跟不上，健康状况就更差了。针对这种情况，毛主席强调“德智皆寄于体，无体是无德智也”。体育可以促进心理、道德、智力、审美等方面的发展。1950 年 6 月毛主席给当时的教育部长写信，提出健康第一，学习第二。1951 年情况并没有多大改进，针对学生体格、体质下降情况，他给当时的教育部长再次写信，强调健康第一，学习第二。1953 年在新民主主义青年团全国代表大会上，毛主席接见了团代会代表，又提出身体好，学习好，工作好……毛主席本人非常重视锻炼身体。下雨了，别人都跑，他慢慢走，称之为雨浴；太阳出来，他晒晒太阳进行日光浴；甚至用井水冲凉。这些在《毛泽东的青少年时代》这本书里都有记载。班老师引经据典，侃侃而谈，逻辑严密，引证快捷，真是令人敬佩。

我们赞美他研究班主任已渐入佳境，他颇谦虚，表示生命发展无止境，生命存在就在发展，只要有口气就要学习，活到老学到老。人的生命都是不断成长发展的，所以老人要向年轻人学习，成年人应该向孩子学习，儿童是成人的老师，老年人和年轻人应该互相学习。

除了体育外，班老师还强调美育。为什么要强调美育？他说，因为人本身是一种精神的生命。只有人具有审美的能力，有创造美的能力。其他生物也美，比如孔雀开屏也很美，但是那是孔雀的本能，并不是有意识地创造美。人最高级的幸福是对美的欣赏和对美的享受。这是人区别于其他动物的很重要的一点。听说我在工作中以美育人，求真求善，他表示非常赞赏。他鼓励我坚持下去，在教育中坚持知美、赏美、懂美，创造美，用美来打造自己的教育生涯。

孤独寂寞是老年人难过的一道坎儿。班老师说，自己一直忙着接待朋友，忙着审定书稿，忙着参加一些活动，没时间孤独。还真是的，小区门卫都知道来找班老师的人来了一波又一次。陈教授说：小曹，你知道班老师是什么人吗？他是享受国务院政府特殊津贴的专家教授，为人却这么谦和低调。在饭店门口，他一直等到接送的车走了才肯转身；我们离开的时候他把我们一个一个送上出租车。在他看来，积极乐观向上是不变的人生态度，向周围的人学习、向年轻人学习，并非是客气话。

由一封封沉甸甸的邮件想到的

——永远怀念班主任的领路人班华老师

郭家琴（四川省泸州市第七中学）

得知先生去世的噩耗，我痛哭失声！

此后回南京，就再也不能去班老师家蹭吃蹭喝了，就连女儿都说，“班爷爷去世了啊，多好的老人家啊……”听着女儿的哭腔，想起我们俩在班老师家里品尝师母亲手做的饭菜的滋味，家的感觉仿佛萦绕在面前，又仿佛在急速地离去。

对不起，老师！今年计划好到南京看望您的，因为疫情，班主任国培 10 周年庆典活动取消，没有在生前见您最后一面，这是我内心最大的遗憾。对不起，老师！近几年杂事缠身，没有静心思考、总结提炼自己的日常工作收获，鲜有作品面世，辜负了您的期望。对不起，老师！您殷殷叮嘱，叫我认真学习《矛盾论》《实践论》等著作，我学习得还不深入、不透彻……

翻阅着您的一封封邮件，我的内心真是感慨万千。这些邮件，既有为人处世的指导，如《好人品的八要素》《千年古训 100 条》等，让我受益匪浅；

更有工作、生活的教诲。我领衔的泸州市“心灵桥”班主任工作室成立之时，您写来《致贺“心灵桥”》的贺信，指导我们的工作，金句频出，让我们的工作室站在巨人的肩膀上开展研究；为我的活动课“成长的风铃——为初二学生设计别致的六一儿童节活动”写的点评，让我深受鼓舞，最终投稿《德育报》，当文字变成铅字的时候，我牢牢记住了您的教诲，“活动设计有两点特别好：一是形式多样生动活泼；二是让孩子参与，做活动时是主体、主人。这样的教育形式是符合儿童特点的、富有诗性的、美好的童性化教育”。在以后的主题班会活动设计和开展中，我坚持站在孩子们的角度去思考，让班级管理更为得心应手。您还批评我，要求我改掉熬夜的坏习惯，引导我向《现代教学·思想理论教育》《中小学德育》等投稿……

老师啊，还记得我们聊天，谈到语文学科的审美教育研究的时候，您马上拿出笔记本，“我要记录下来，年轻人的这些探索是很有意思的”，您那专注的神情，记笔记的动作，真的深深鼓励着我。当时想写一篇文章的，题目都已经拟好了——《80 岁的年龄，18 岁的敏锐好学》，可惜后来只写了一半，甚至连这半篇文章都还没有发给您看过。

老师啊，还记得您在文章中写“泸州的郭家琴，到南京学习，为班级的学生购买雨花石……”其实，事情很小很小，您却给予了我极大的肯定，“这是对学生最真挚的爱”，让我坚定了“一辈子当班主任”的信念！到今天为止，我教育人生最骄傲的事情，就是不管行政管理事务再多再忙，我从来都没有想过放弃班主任工作。当朋友们劝慰我“你何必继续担任班主任，太累”，我总是笑笑说“我喜欢当班主任”，因为，我最敬爱的班老师写过《永远的班主任》；因为，老师都还在参与“随园夜话”的活动，老师都还在不懈探索，我能停下当班主任的前进脚步吗？

老师啊，从今往后，哪怕是千万声泣血的呼喊，也不能换来您的回应了，这残酷的现实，怎么不叫我痛彻心扉?!“泪飞顿作倾盆雨”，屏住哀思向前进！在未来的日子里，只有化悲痛为力量，将工作做好，将身体锻炼好，将生活过好，才能告慰最尊敬的班老师。因为，师母过世的消息，老师都是等到春节过完，元宵节过完，三八节过完，才打电话告诉我的，“你不要太悲痛，师母走得很平静，很安详……”老师，您那么温润，那么谦逊，那么高贵，您一定也走得很平静，很安详！老师，祈愿您驾鹤西去后，与师母在天堂幸福相聚！远离人世间的一切疾病与痛苦，化作天上那颗最亮的星，为我们跋涉前进的班主任照亮前行的道路！

“一闪一闪的星，哪一颗是您的眼睛；一片一片的云，飘在天上落在心里；一朵一朵的花，种在心田结满晶莹……”含泪哼唱《人生大事》的片尾曲，再大声诵读“随园夜话”群里分享的《心育路上——纪念班华老师》，永远怀念“离我们一线教师最近的可亲可爱可敬的”班老师，您的人格魅力，学术修养，对年轻一辈不遗余力地助推，都是我们永远学习的榜样！

2022 年 11 月 28 日

【班华教授邮件选录】

致贺“心灵桥”

郭家琴老师：您好！

首先祝贺“心灵桥”班主任工作室成立！我相信“心灵桥”一定会工作得很出色，我相信可以从你们的研究中学习到书本上没有的东西。

我看了你们的申报表。您，一个有 25 年班主任工作经验的人领衔，首先就给人以信心和希望！何况参与“心灵桥”的成员，大多是高级教师、一级教师的群体！

我下面谈一些想法。

你们的预期目标和措施是围绕班主任成长提出的，很好。

划清自觉与盲目的界限。自觉教育者充分理解教育原理、教育目标，具有生命自觉、教育自觉，其教育实践是遵循教育原理的自觉行为，而不是非理性的、盲目的、自发的行为。班主任的教育自觉，首先是具有明确的教育角色意识，突破班级界限理解班主任在学校教育中的意义。

辨明班主任与非班主任教师的关系，具有清晰的发展性的班级教育系统意识，发展性的教育是积极教育！同时要突破通常的，已有的多数认可的教育观念，要确立与时俱进的教育观念。例如，班级管理目的应是解放人、教育人、发展人；班级管理本身不是目的。

要解决好共性与个性，或一般性与特殊性的关系问题。你们的研究可考虑有鲜明的特色。教师与班主任，有共性与特殊性关系。班主任是教师中特殊群体；研究班主任，要紧紧围绕这一群体的特殊性去研究。其他很多人的研究与你们的研究，也有共性与个性的关系，大家都紧紧围绕班主任群体的特殊性去研究，那么，你们的研究有何特色呢？课题研究需要讲究“人无我有，人有我优，人优我特”！“心灵桥”的研究“特”在何处？其他班主任工作室有各种名称，没有称“心灵桥”的，你们的命名称“心灵桥”就是一个特色，一个品牌。但愿在研究工作方面也有特色。

要处理好主要与次要的关系。班主任的教育理念与教育技术—教育方法，前者是主要的，后者是次要。可参阅我的文集第 175 页的《学习与模仿》。

你们提出打造“学、研 、行、思、悟”一体化的班主任成长共同体中的“学、研、行、思、悟”可否省略“研”“悟”？学、思、行的过程应是研究过程，通过“思”也会“悟”。

就说这些，仅供参考。以后想到什么再汇报。

祝“心灵桥”成功！

班　华

2015 年 3 月 25 日

郭老师：您好！

想必您仍在忙碌中，不必给我回邮。我简单告诉您，我曾与您说过有关班主任的稿件可投给《现代教学》。这是《思想理论教育》近年改刊专出的一本《现代教学》版，由余玲华负责，她经历了很多困难，日前我收到《现代教学·思想理论教育》编辑余玲华老师的邮件，她说："杂志最艰难的日子基本过去了，也让很多老读者和作者慢慢了解了这一变化。大家都感觉遗憾，但还不离不弃。这让我挺感动，也因此觉得不能放弃。现在杂志基本平稳。"但是"目前杂志在班主任这块做得还不够强，……所以特别需要您的指点，希望有更多在这方面有深度研究的老师和专家给予我指点和稿源支持。"你们的稿子可以直接发给她：yulh1964@126.com。

祝一切如意！

班　华

2014年11月5日

尊敬的郭老师，您好！

今早饭后打开邮箱，收到的第一个邮件就是您发的，好不高兴！我看到您是凌晨01:09发给我的！希望您改变这样的工作方式！双休日应是休闲日，不是熬夜日！您爱家人，爱孩子，都非常好！您不是单纯的"我"，您是您女儿的妈妈，是您老公的爱妻，是学生敬爱的老师，是我们的同行朋友！您不珍爱自己的健康对吗?

看了您关于"六一"活动的设计，很好，可惜我没有能进入新浪博客，说是有关网页不存在或被删。我认为对初二的学生说，搞好这次"六一"节有特殊的意义，做得好，将给他们终身留下美好的记忆，成为他们终身的内心财富，让他们一回忆起就感到快乐、就受到激励。活动设计有两点特别好：一是形式多样生动活泼；二是让孩子参与，做活动时是主体、主人。这样的教育形式是符合儿童特点的、富有诗性的、美好的童性化教育。

您可转达我的以上看法。当然您还可再思考、再斟酌，进一步完美化。

祝你们的活动精彩！祝孩子们幸福成长！

班　华

2014年5月17日

春天的花开了，班老师我想您了

——一个普通班主任对班华教授的怀念

冯锟（南京师范大学附属中学江宁分校）

春天的花开了，班老师我想您了！
我想您的时候会微笑，
就像初见您时，羞涩的聒噪，
不必担心，您是不是记得这一抹人群中的笑，
更不必担心，您是不是还在人群中，抱臂远眺。

2022 年 11 月 27 日，沙龙群里传出噩耗，班华教授归真了。

一遍遍的确认，我真的不敢相信。

特别不敬地说，每次随园夜话看到班教授步履蹒跚地出席，不止一次担心他的健康。可近 10 年来，每次聆听班教授在沙龙现场的讲话，却又感觉这是位充满人生能量的老人，必然还有着无数的岁月，等待着他教化我们这些年轻的教师，幼稚的班主任。

他一定不喜欢“教化”这个词，因为他老人家是那么谦虚。

2021年的11月，天气比这个冬天温暖得多。我开车载着何明涛老师去看望班老师，心细的何老师让我先停在了一家菜店门口。提前预约的老板，一大早便开门等待，还没进屋就细数着有哪些蔬菜是昨天晚上刚刚空运过来的。何老师精心选取几种无农药的有机蔬菜，一边挑选一边轻嗅菜香，说让班老师尝尝冬天里新鲜的蔬菜。

说到给班教授闻香选菜，我竟也想到了关于他老人家的一则早年轶事：一场车祸后，他失去了嗅觉，但是他并没有难为那个司机，而是自己疗愈自己，自己静静度过岁月。道听途说，不知道现在是不是有所康复？本想见面后询问，可见面后却忘了个精光，回来的路上才恍然想起，心想着下次见面一定关心一下，可谁知这竟是最后一次见面！

这次见面，班教授一如往常思路敏捷。每每遇到引经据典，家里的藏书信手拈来，不管这些书是在书架上，还是在卧室里、沙发上，打开时折页竟也分毫不差，这是一位学者最朴素的行动，却也是对一个晚生后辈终生的引领。

最难忘，还是您蹒跚下楼将我们送出楼门的一霎。您说“我不方便走路，就不下台阶了”。我惶恐地鞠躬道别，走了几步回望时您还保持着挥手的姿势。我顾不上唐突，拿出手机拍下了您送别我们的画面。画一面似乎是有语言的，说不尽的谦卑，心里却装下了对所有人的尊重。

不曾想，“德育人”竟这么美！

2020年，依然是在冬天。

随园夜话第100期现场，我们贴气球、切蛋糕，拉着您不停地拍照。您还是那么温润儒雅、自然亲切，微笑着和每一个老朋友、新朋友、大朋友、小朋友合影留念。

最难忘，还是您在仪式上，紧握着我的手说，照相时不看人，要看那里！说着，您抬起右手指了指方向，左手紧握了我一下，唯恐我听不清，跟不紧。那时您干瘪的手触感微凉，但手心却始终温热。

2022年，南京的冬天让人不喜欢。那么多莫测，那么多措手不及，那么多来不及转身错过的挥手。

一转眼，春天来了，清明也快来了。

班教授，我知道我们有多思念您，您就有多牵挂我们，一如日增一分的思念，一如不曾减少的牵挂。清风细雨定会把晚辈们的祈愿送到您身边，轻轻告诉您，未来的带班育人路上，您依然如日居上，扯华光万丈，赠吾辈做裳！

怀念敬爱的班华老师

姜爱萍 （南京师范大学出版社）

今天是一个十分不幸的日子。因为今天是我校教科院教授、著名教育家、敬爱的班华老师追悼会的日子——也就是在今日，班华老师的身躯化为了灰烬，将归入尘土，与大千世界融为一起。

今天也是一个十分遗憾的日子。因为今天，由于新冠疫情的肆虐，当下疫情防控的要求，真正能够去南京殡仪馆（西天寺）给班华老师送行的人只能有 20 个！这在平常的日子里连一个最最普通的老百姓办大事，也不只是仅仅有 20 人去送行。真的好遗憾！

昨日天降大雨，中午还打了雷。今日又是猛烈降温，一夜成冬。难道老天也会发脾气？老天也知道班老师去了天国？老天也替人间哭泣？为失去了一位令人尊敬的长者，一位人民的教育家，一位一直扎根基层研究班主任的好老师？

知道班华老师谢世这个消息是在 2022 年 11 月 27 日（周日）晚上看完

21：00 那场世界杯足球赛后准备上床睡觉时（大约 23：00）。微信朋友圈里齐学红教授、冯建军教授、高德胜教授、孙彩平教授等均发布了讣告：沉痛悼念班华先生。当时我怎么也不敢相信这是真的，怎么也无法入眠。与班老师打交道的一幕幕场景，像过电影一样在脑海中闪现。

与班华老师的缘分

我跟班华老师的缘分应该可以追溯到上个世纪 90 年代。

1995 年我从南通师范学校考入南京师范大学地理科学学院，师从著名人文地理学家金其铭教授攻读硕士学位，1998 年 6 月我在随园校区贻芳报告厅学位授予仪式上，是从身着红色博士袍的班华教授手中接过硕士学位证书的。地科院彭元老师当时给我拍摄了照片。

1998 年我进入南京师范大学出版社工作。在编辑生涯中，我编辑的第一本书就是“21 世纪班主任文库”中的《小学养成教育》，该书由当时在海门师范工作的黄正平老师（江苏第二师范教授）主编，而丛书主编就是班华教授。

有一年的春节回老家如东，我约老同学一起去看望高中班主任陈世勣老师，陈老师知道我在南师大工作，就问起班华教授的近况，我以为我的班主任陈老师认识班老师，是因为班老师是南师研究班主任的知名教授呢！谁知，他们是 20 世纪 50 年代南京师范学校的同班同学，还是同龄（1935 年出生）人。

陈老师 1956 年师范学校毕业后即回到家乡南通地区（原籍海安，后来在如东当了中学语文老师），班老师则考取了南京师范学院（1984 年 1 月更名为南京师范大学），继续上大学，留在了南师大教育系工作。

而班华老师的夫人郭勤老师还是我们如东人（这是我后来去到班老师家才得知的），她在如东的继母一直由她养老送终。

因此，我跟班华老师的缘分在许多年前就已经注定，只是我才知道。

与班华老师的交往

第一次真正与班老师近距离接触是 2015 年的秋天，我与出版社时任人教事业部主任王书贞一起去班华老师的家拜访，院子门口的门卫十分友好地给我们指路，班老师和郭老师热情接待了我们。我们还在班老师家客厅的蝴蝶标本前合了影。

后来，我会时常带上家人去看望班老师和郭老师，尤其是在春节后元宵节前，我会给他们带点如东家乡特产——我婆婆手工做的元宵和春卷等年味食品。班老师总是会亲自给我们开门，泡茶，递上擦手小毛巾，准备干果与点心，用盘子装好，还备有放壳子的方形容器。

只可惜 2017 年底，2018 年春节前郭老师因心脏病去世了。这对班老师的打击十分巨大。班老师就像是一个“大男孩”失去了“母爱”那样伤心与无助。2018 年春节后我和先生一起去看望他，他还特地打开书房的门，允许我们在郭老师的骨灰盒前鞠躬默哀。这是怎样的一种待遇啊！班老师他已经把我们当成亲朋了。他还请我们去了楼下小渔馆吃饭，跟老板约定好要抢着付钱（当然我们哪忍心让班老师付账，为此还争了好一会儿），饭后他还带我们到河边的小公园散步。后来我们道别时，他老人家直到看到我们把车开出了院子、离开了他的视线才回去。好让我心疼！

2019 年春节时我去看望高中班主任陈老师时，陈老师现场就给班老师打电话，并在电话中约定 2019 年会来宁看望他。于是我一直等陈老师来宁再一起去看望班老师。毕竟班主任陈老师也是 80 多岁的人了，不是能够说走就走的。可是到了 2019 年底，新冠疫情暴发，全民都很少面对面交流了，我只能通过微信给班老师发祝福，班老师时常会给我回复祝福，而且是富有喜气的视频与祝辞。

记得去班老师家跟他交流时，他会拿出小本子记下一些谈话的内容。他会给我们讲小时候跟着他的父亲从安徽来南京求学的经过，天天上学要走多少路，南京城里有小火车和有轨电车，他又怎么乘车上学的经历；他也会给我们讲，身为“南师人”有责任重视对教育家的教育思想的研究，如南师附小斯霞老师的“童心母爱”值得南师大的学者们去深入研究；他对“苏派”教育这个提法表明过自己的看法，也对过年大唱“恭喜发财”的主题歌表示过不认同（从小对孩子的价值观有影响）；他对“班主任故事”和“班主任与学生友谊发展”这些话题特别有谈兴（我也谈到至今与小学班主任、初中班主任、高中班主任都还有交往，我当班主任与近30年前的学生仍有交往……）；他还跟我们谈到齐学红老师主办的“随园夜话”活动；他告诉我们他现在做得最多的事就是给全国范围内认识的或不认识的青年教师的新书写序，他还赠送了一本他写序的书给我，并在书的扉页上签上了他的名字与日期；他还告诉我，（2018年）他去四川成都出差，是《江苏教育》编辑陪他去的，并在当地校长家吃住；他还愿意见见我曾经的学生——目前在一线从事德育教育工作（已经有成长为江苏省特级教师的，如唐隽菁、郭敏等）；他还给我们讲述了他去如东县几所中学做讲座的经历，之后他还给我发来讲座照片；他还想介绍我们去他家旁边小学做调研，出版校本课程等；他还欣然同意为我们申请的出版项目上的专家推荐材料上亲自签名，等等。

每次回家时，班老师总是送我们到楼下，还为我做交通指挥。

2017年中秋节前，班老师还特地打车一个人来到了我在随园校区的办公室，给我送了一盒大红色包装的月饼，让我十分感动！这怎么过意得去？他还请在南师大教科院资料室工作的大女儿给我带他签过名的图书。我也去过随园校区教科院他大女儿办公室取过班老师的信件。

2020年8月12日朱小蔓老师的追悼会上，我又见到了敬爱的班老师，当时85岁的他还去送72岁小蔓老师最后一程，这是怎样的一种情谊啊！这也算得上是学术上的白发人送黑发人啊！这对班老师打击有多大啊?！只见他呆呆地站在门外走廊上，心情十分沉重。我上前跟他打招呼，他好像不记得我了。同年12月25日，跟他并肩作战的南师大教育专业的另一面旗帜——鲁洁教授的离世又是对他的猛烈一击。岁月啊，真的会把人变成这样?

班华老师在我社的著作

到了出版社工作多年后才得知，班华老师是我社的重要作者，对我社出版贡献很大。我们社史室里有班老师大幅头像照片及介绍：南京师范大学教授、博士生导师，中国教育学会德育专业委员会副主任委员。曾在我社出版《发展性班级教育系统》《班级德育》《班级社会学》《班级管理》《班级文化建设》《享受和班主任朋友共同成长的快乐》等图书，主编"21 世纪班主任文库""中小学班主任培训教材"等系列丛书。

是的，班华老师在我社出版著作多部。从 1997 年开始出版到 2014 年还在重印的"21 世纪班主任文库"，有综合卷、中学卷、小学卷等。综合卷包括:《幼儿园班级管理》《小学班主任》《初中班主任》《高中班主任》《中等职业学校班主任和大学班主任》，2013 年又增加了《班主任专业基本功》(齐学红主编)。小学卷包括:《小学养成教育》《小学班主任工作艺术》《小学班级文化建设》《小学班集体建设与活动》《小学班主任实施素质教育指南》等。中学卷包括:《中学班级文化建设》《中学班主任实施素质教育指南》《中学教育力量整合》《中学生人际交往指导》《中学班集体建设与活动》等。

1999 年开始出版至今天仍然动销的"中小学班主任培训教材"系列丛书：如《高中班主任》《初中班主任》《小学班主任》《中学班主任实施素质教育指南》《班级心理健康与咨询》《职业学校班主任》《班级德育》《班级社会学》《班级管理》《班级文化建设》等等。

班老师不但在我社出版了大量著作，而且在人民教育出版社、华东师范大学出版社、安徽教育出版社、河海大学出版社、江苏大学出版社、中国社会科学出版社等出版社均出版了专著，为广大班主任老师提供了丰富而又专业的精神食粮。

缅怀敬爱的班华老师

28日上午，我一上班就看到王铁军教授给我发的信息：昨天凌晨我们尊敬的班华先生因心肌梗死在医院不幸去世。班老师一路走好！班华老师不幸去世。我国教育界又失去一位大师、大先生！

整个上午我的心情都处在十分悲痛中，心里堵得慌。

不行，一定要为班老师及家人做点什么。于是，等开完会，我去找社领导。社领导已得知班华老师去世的消息，于是主动跟班老师大女儿班笑梅联系后得知：家里不设灵堂。可是，既不能参加班老师的追悼会又不能去他家悼念，这可怎么办呢？

我们还是想去班老师家看一看。与班老师的大女儿班笑梅姐姐联系后，她的回答是：可以的。

于是我们一行：社长张鹏，总编徐蕾，综合编辑部主任张春，还有我（基础教育编辑部主任），下午3：30从出版社出发，天下着雨，一路上张春（因为班老师的书稿都在综合事业部）跟我说，很遗憾上周去班老师家没有跟班老师拍照留念，更后悔的是没有跟班老师一起吃晚饭。班老师还把她们送下楼。这也见证了班老师当时的身体状况。

我们到达班老师家门前，司机卢军师傅停车时，我脑海中闪现出之前来看望班老师时，他老人家给我指挥倒车时的场景，真的历历在目。在院子门口经过小渔馆门前时，班老师还热情邀请我和先生吃中饭时的场景也仿佛就在昨天。

班老师的大女儿开的门。我们在餐桌旁坐下。我看到往日阳台上茂盛的花花草草都枯萎了，仿佛也跟着班老师离去了。

这时候外面有人敲门，原来是江苏第二师范学院尹坚琴教授和《早期教育》原主编陈老师。尹老师告诉我们，她是班老师的学生，1979级的，班老师对他们可好了。她和陈主编是代表教育系1979级的全体学生来悼念班老师的。班老师女儿告诉我们，班老师对学生的关心与用心甚至都超过了对她们姐妹俩。接着她给我们说了班老师去世前的情况：血压不高，血糖不高，血脂不高，只是有点脑梗。前一天晚上他说难过，她就叫了车将他送到江苏省人民医院，经过严格的检查他才进了医院，医生说他的心脏需要做支架。如果不做可能夜里就不行了，如果做了可能还能活下来。于是她就同意做支架，也不知道放了几个支架，等手术做完后出来时人就不行了，连重症监护室都不能进了。

唉！好可惜啊，中国当今著名教育家班华教授就这么离开了人世间。

回到办公室时已是下午 5 点，同事们开始下班回家了。但我的心情还是久久不能平静。于是我打开电脑找出了当年与班华老师的合影。

这时，我又接到王铁军教授的微信：鲁洁、班华都是我的嫡亲导师，我的人生贵人。永远怀念他们！德者永生！

我的回复是：是的，精神不朽！灵魂不朽！

敬爱的班老师，您去天堂与郭老师做伴了，一路走好！

就以班老师家客厅里朝东的匾上的书法文字来结束这篇纪念小文吧：

“仁者寿”！

2022 年 11 月 29 日晚

附录 1

班华老师语录（部分）

一、活动设计有两点特别好：一是形式多样生动活泼；二是让孩子参与，做活动时是主体、主人。这样的教育形式是符合儿童特点的、富有诗性的、美好的童性化教育。

郭家琴

二、我们要做自觉的教育者，即理解教育本质，懂得人的发展和成长规律，自觉地根据教育本质、教育目标要求，遵循教育原理、原则，从事教育实践活动。

吴申全

三、班主任应是自觉的教育者。自觉的教育者，必然重视美育，重视以美育人，为学生的幸福奠基，为学生拥有美丽人生奠基。与此相联系，我们每个班主任朋友，也都应当、都可能做一个“美丽教师”。

杨秀梅

四、素养的核心应是“精神”，核心素养提倡“亦师亦友”的师生关系。

李建华

五、人是精神的动物，人要做自己精神的领袖。

杨　学

六、我们要感谢学生，因为没有学生哪来的老师呢？我们要向学生学习，因为儿童是成人之师啊。

韦成旗

七、我们不要上来就说职校生这也不好，那也不好。职校生肯定也有他们的优点和特点。为什么大家不肯先说说职校生的优点呢？职校生的这些负面的标签到底被谁贴上去的？

顾　霞

八、这样的沙龙形式很好，今天晚上和这么多的老师朋友们交流，我学习了很多。只要我精神好，这样的活动我会经常来的。

袁子意

九、谁当主任不重要，把事情办好最重要。

十、我要帮助更多的老师们实现自己出书的梦想。

郭文红

十一、精神关怀：一是班主任的精神关怀，二是谁给班主任精神关怀。一个班主任要让自己的学生幸福，首先是要有人让她（他）感受到幸福。

十二、教育就是美的传承。

潘旭东

附录2

班华老师专著目录

[1] 班华．中学教育学［M］．北京：人民教育出版社，1992

[2] 班华．心育论［M］．合肥：安徽教育出版社，1994

[3] 班华．现代德育论［M］．合肥：安徽人民出版社，1996

[4] 何国明，班华．班主任与德育［M］．南京：河海大学出版社，1996

[5] 班华，陈家麟．中学班主任实施素质教育指南［M］．南京：南京师范大学出版社，1999

[6] 班华．发展性班级教育系统［M］．南京：南京师范大学出版社，2000

[7] 班华．中学教育学（中小学教师继续教育教材）［M］．北京：人民教育出版社，2000

[8] 班华．心理与道德教育读本［M］．南京：河海大学出版社，2000

[9] 班华，陈家麟，郭亨杰．高中心理教育指导［M］．南京：南京师范大学出版社，2002

［10］班华，王正勇．高中班主任（综合卷）（21 世纪班主任文库）［M］．南京：南京师范大学出版社，2003

［11］班华，高谦民，王宁．今天，我们怎样做班主任（中学卷）［M］．上海：华东师范大学出版社，2006

［12］班华，高谦民，齐学红．今天，我们怎样做班主任：优秀班主任成长之路［M］．上海：华东师范大学出版社，2006

［13］班华，高谦民，夏青峰．今天，我们怎样做班主任（小学卷）［M］．上海：华东师范大学出版社，2006

［14］班华．今天，我们怎样做班主任（中等职业学校卷）［M］．上海：华东师范大学出版社，2006

［15］班华，薛晓阳等．学校道德生活教育模式的探寻与思考［M］．镇江：江苏大学出版社，2010

［16］班华．享受和班主任朋友共同成长的快乐：班华班主任原理文集［M］．南京：南京师范大学出版社，2014

［17］班华．优化心理素质　享受幸福人生：班华心理教育文选［M］．北京：中国社会科学出版社，2019

［18］班华．提高德性素养　享受道德人生：班华德育原理文集［M］．北京：中国社会科学出版社，2020

附录 3

班华老师论文目录（知网）

［1］班华．思想品德结构与新时期德育任务［J］．华东师范大学学报（教育科学版），1986（02）

［2］班华．“双序实验”三维结构思想品德教育方案［J］．山东教育科研，1989（01）

［3］班华．关心中学生心理健康 提高中学生心理素质［J］．江苏教育，1990（12）

［4］班华．试论教学的情感性原则［J］．教育科学研究，1992（02）

［5］班华，STS“四个关心”教育课题组．STS 与素质教育［J］．江西教育科研，1993（01）

［6］班华．学习中学德育理论 指导中学德育实践——读《中学德育概论》［J］．山东教育科研，1994（02）

［7］班华．德育方法体系四题［J］．江西教育科研，1994（01）

［8］班华．对设置心理教育课程的认识与设想［J］．教育改革，1994（04）

［9］班华．试论经济教育若干问题［J］．中国教育学刊，1994（04）
［10］班华．对学校德育与市场经济关系几个问题的认识［J］．教育改革，1994（06）
［11］班华，韩延明，朱小蔓，戚万学，詹万生．高举爱国主义旗帜——学习《爱国主义教育实施纲要》座谈［J］．教育研究，1995（04）
［12］班华．世纪之交论德育现代化建设［J］．现代教育论丛，1997（01）
［13］班华，李太平．个性发展与个性教育［J］．江西教育科研，1997（01）
［14］班华．素质结构·教育结构·素质教育［J］．教育研究，1998（05）
［15］班华．在教育理论和实践之间架设桥梁［J］．河南教育，1998（08）
［16］班华．激励教育的现代教育性［J］．天津教育，1998（Z1）
［17］班华．近十年来德育思想现代化的进展［J］．教育研究，1999（02）
［18］班华．勤俭教育的反思与建构［J］．教育研究与实验，1999（03）
［19］班华． 班主任在促进学生素质发展中的特殊地位、作用和操作系统［J］．教育理论与实践，1999（10）
［20］班华．培养创造性人格是根本［J］．教育理论与实践，2000（03）
［21］班华．创造性的培养与现代德育［J］．教育研究，2001（01）
［22］班华．心育再议［J］．教育研究，2001（12）
［23］班华．德育理念与德育改革——新世纪德育人性化走向［J］．南京师大学报（社会科学版），2002（04）
［24］班华，崔景贵．心理教育与道德教育关系研究综述［J］．当代教育论坛，2003（07）
［25］班华．“学会关心”——一种重在道德学习的德育模式［J］．教育研究，2003（12）
［26］班华，薛晓阳．新时期我国德育模式研究的理论特征［J］．北京大学教育评论，2004（01）
［27］班华．略论终身道德学习［J］．当代教育科学，2004（04）
［28］班华．专业化：班主任持续发展的过程［J］．人民教育，2004（Z3）

[29] 班华.一所充满生命活力的学校——我所看到的东洲小学[J].思想·理论·教育，2005(02)

[30] 班华.我的心理教育理念[J].内蒙古师范大学学报(哲学社会科学版)，2005(01)

[31] 班华.试论职校学生心理教育特色问题[J].职教通讯，2005(03)

[32] 班华.终身道德学习[J].教师之友，2005(07)

[33] 班华.在关心性关系中学会关心[J].思想·理论·教育，2005(17)

[34] 班华."心理教育理念"再议[J].江苏教育学院学报(社会科学版)，2005(05)

[35] 班华.网童的特点与教育引导[J].中国教育学刊，2005(09)

[36] 班华.在关心性关系中学会关心(续)[J].思想·理论·教育，2005(19)

[37] 班华.学习与模仿[J].思想·理论·教育，2006(02)

[38] 班华.校园文化建设与学生的和谐发展[J].中国德育，2006(05)

[39] 班华.确立社会主义荣辱观重在道德践行[J].南京师大学报(社会科学版)，2006(03)

[40] 班华.确立社会主义荣辱观重在道德践行[J].江苏教育，2006(11)

[41] 班华.让教学成为道德事业[J].教育研究，2007(02)

[42] 班华.略论德育论学科对象与任务的几个问题[J].教育科学研究，2007(04)

[43] 班华.让教学成为道德事业[J].思想理论教育，2007(07)

[44] 班华.创造性的培养与心理教育[J].中国教育学刊，2007(09)

[45] 班华.谈公民的诚信教育[J].中国德育，2008(01)

[46] 班华.谈公民的诚信教育[J].中国教师，2008(03)

[47] 班华.试论学校节庆文化的价值[J].江苏教育学院学报(社会科学版)，2008(03)

[48] 班华.论班主任的职责与德育的关系[J].小学德育，2009(18)

[49] 班华.对"心理—道德教育"的探索——兼论中国自己的心理教育之道[J].

教育科学研究，2010（01）
［50］班华．给班主任老师的几点建议［J］．中国德育，2010（01）
［51］班华．班主任专业化问题的探讨过程［J］．人民教育，2010（05）
［52］班华．谁来给班主任以精神关怀——敬畏教育，尊重教师［J］．人民教育，2010（06）
［53］班华．与班主任朋友谈班主任（一）：班主任这个教育角色［J］．班主任，2010（05）
［54］班华．与班主任朋友谈班主任（二）：班主任是学生的精神关怀者吗［J］．班主任，2010（06）
［55］班华．与班主任朋友谈班主任（三）：班主任是学生发展的“重要他人”［J］．班主任，2010（07）
［56］班华．再论“心理—道德教育”［J］．教育科学研究，2010（06）
［57］班华．与班主任朋友谈班主任（四）：班主任主导的班级教育者集体［J］．班主任，2010（08）
［58］班华．学习斯霞 做幸福教师［J］．教育，2010（25）
［59］班华．与班主任朋友谈班主任（五）：帮助学生学会健体，以体育发展人［J］．班主任，2010（11）
［60］班华．与班主任朋友谈班主任（六）：指导学生学会自主学习［J］．班主任，2010（12）
［61］班华．“以生命为本”的教育诗篇——学习锦西外国语实验小学生命教育的思考［J］．思想理论教育，2010（24）
［62］班华．与班主任朋友谈班主任（七）：引导学生做有道德的人［J］．班主任，2011（01）
［63］班华．追寻诗性德育——写在《中小学德育》首发之际［J］．中小学德育，2011（01）
［64］班华．与班主任朋友谈班主任（八）：帮助学生学会审美，以美育人［J］．班主任，2011（02）

[65] 班华．与班主任朋友谈班主任（九）：建设好班级心理社会，开展好班级心理教育［J］．班主任，2011（03）
[66] 班华．与班主任朋友谈班主任（十）：建设促进学生个性发展的班集体［J］．班主任，2011（04）
[67] 班华．民族文化与民族教育三题［J］．教育文化论坛，2011（02）
[68] 班华．与班主任朋友谈班主任（十一）：让学生在班级活动中成长［J］．班主任，2011（05）
[69] 班华．与班主任朋友谈班主任（十二）：建设相互关爱、积极向上的班级文化［J］．班主任，2011（06）
[70] 班华．与班主任朋友谈班主任（十三）：班级管理目的在解放人、教育人、发展人［J］．班主任，2011（07）
[71] 班华．与班主任朋友谈班主任（十四）：充分发挥班级教育合力的作用［J］．班主任，2011（08）
[72] 班华．学生发展性评价［J］．班主任，2011（10）
[73] 班华．与班主任朋友谈班主任（十六）：对班主任专业化的理解［J］．班主任，2011（11）
[74] 班华．与班主任朋友谈班主任（十七）：班主任自主成长的路径［J］．班主任，2011（12）
[75] 班华．学习做一名自觉教育者——由《座位也是一种资源》想到的［J］．中小学德育，2012（07）
[76] 班华．特别的教育关怀给特别的你［J］．生活教育，2012（16）
[77] 班华．特别教育的教师道德修养［J］．生活教育，2012（18）
[78] 班华．让道德生命自己成长［J］．中小学德育，2013（01）
[79] 班华．德育目标应有的要求：民族精神与世界精神统一［J］．教育研究，2013（02）
[80] 班华．以儿童的方式实施积极教育［J］．思想理论教育，2013（08）
[81] 班华．提高小学品德课效果的有效方式［J］．课程·教材·教法，2013（05）

［82］班华．谈高校教师的心理—道德修养［J］．徐州工程学院学报（社会科学版），2013（05）
［83］班华．师德的特殊意义［J］．中小学德育，2014（01）
［84］班华．心理—道德教育服务人生幸福［J］．南京师大学报（社会科学版），2014（01）
［85］班华．“要我学”→“我要学”［J］．江苏第二师范学院学报，2014（01）
［86］班华．探索职校心理教育的重要成果［J］．江苏技术师范学院学报，2014（01）
［87］班华．享受和班主任朋友共同成长的快乐［J］．现代教学，2014（06）
［88］班华．生态道德教育的意义与实施［J］．中小学德育，2014（04）
［89］班华．做立德树人的自觉教育者［J］．中国德育，2014（18）
［90］班华．我探索心理教育的心路历程［J］．江苏理工学院学报，2014（05）
［91］班华．学校教育实践中的“心理—道德教育”［J］．中小学德育，2015（04）
［92］班华．向幸福出发——读《幸福的约定》［J］．中小学德育，2015（05）
［93］班华．《十班史记》给我们的启示［J］．中国德育，2015（15）
［94］班华．快乐学习，幸福成长［J］．江苏教育研究，2015（35）
［95］班华．试论“整体融合型心理教育”［J］．中小学德育，2016（02）
［96］班华．实现德育与教学的融合［J］．现代教学，2016（06）
［97］班华．礼赞国旗下课程［J］．中国德育，2016（10）
［98］班华．给特别学生以特别教育关爱——优化心理机能，服务人生幸福［J］．中小学德育，2016（09）
［99］班华．享受做自觉教育者的幸福［J］．江苏教育，2016（39）
［100］班华．提升心育自觉 服务人生幸福［J］．江苏教育，2016（48）
［101］班华．一部具有前瞻性、创新性的现代职业教育著作——学习《积极职业教育范式导论》有感［J］．江苏理工学院学报，2016（06）
［102］班华．道德教育的全球视野［J］．中国德育，2017（02）
［103］班华．中国特色心理教育的跃进：江苏省心育列入正式课程计划［J］．

现代教学，2017（Z2）

［104］班华．德育的重要任务之一是培养道德能力［J］．中小学德育，2017（06）

［105］班华．在班级文化建设中实现师生共同成长［J］．江苏教育，2017（47）

［106］班华．自主育心 自觉学习——南京市玄武高级中学心育实践评析［J］．江苏教育，2017（48）

［107］班华．师德：宝贵的教育资源［J］．中国德育，2017（17）

［108］班华，雷晓庆，胡金木．教师要努力成为自觉的教育者——访班华先生［J］．当代教师教育，2017（03）

［109］班华．致成长中的教师朋友们［J］．新课程评论，2017（09）

［110］班华．心育天地 大有作为［J］．中小学心理健康教育，2017（36）

［111］班华．赞一位自觉心理教育者［J］．江苏教育，2018（22）

［112］班华．享受自觉学习者的幸福［J］．人民教育，2018（06）

［113］班华．解放儿童——我们的教育梦［J］．现代教学，2018（06）

［114］班华．建设中国特色的班级教育学［J］．教育科学研究，2018（04）

［115］班华．努力推进“秦淮心育”［J］．江苏教育，2018（80）

［116］班华．做“有大爱大德大情怀”的人——全球视野下的心理—道德教育［J］．人民教育，2018（24）

［117］班华．一本值得重视的教育创新著作——樊健新著《班级家庭教育共同体的建设》推介［J］．中小学德育，2019（02）

［118］班华．班主任的培养需要教育创新［J］．江苏教育，2019（47）

［119］班华．培养“有大爱大德大情怀”的人［J］．中小学德育，2019（09）

［120］班华．漫话新时代师德建设问题［J］．中小学德育，2019（10）

［121］班华．突发疫情事件下的班主任工作［J］．江苏教育，2020（55）

［122］班华．平凡中伟大 真善中最美——学习最美奋斗者李吉林［J］．江苏教育，2020（57）

［123］班华，沈贵鹏，王曦斐．探索一种新的教育形态：心理—道德教育——班华教授专访［J］．苏州大学学报（教育科学版），2022（02）